Gestão de canais de distribuição

COLEÇÃO  PRÁTICAS DE GESTÃO

Série
Gestão

Gestão de canais de distribuição

Roberto Pascarella

Copyright © 2013 Roberto Pascarella

Direitos desta edição reservados à
Editora FGV
Rua Jornalista Orlando Dantas, 37
22231-010 | Rio de Janeiro, RJ | Brasil
Tels.: 0800-021-7777 | 21-3799-4427
Fax: 21-3799-4430
editora@fgv.br | pedidoseditora@fgv.br
www.fgv.br/editora

Impresso no Brasil | *Printed in Brazil*

Todos os direitos reservados. A reprodução não autorizada desta publicação, no todo ou em parte, constitui violação do copyright (Lei nº 9.610/98).

Os conceitos emitidos neste livro são de inteira responsabilidade do(s) autor(es).

Revisão de originais: Sandra Frank
Projeto gráfico e editoração eletrônica: Flavio Peralta / Estudio O.L.M.
Revisão: Aleidis de Beltran e Fernanda Mello
Capa: aspecto:design
Imagem da capa: © Uatp1 | Dreamstime.com

Ficha catalográfica elaborada pela
Biblioteca Mario Henrique Simonsen/FGV

Pascarella, Roberto
  Gestão de canais de distribuição / Roberto Pascarella. – Rio de Janeiro : Editora FGV, 2013.
  124 p. – (Coleção Práticas de gestão. Série Gestão)

  Inclui bibliografia.
  ISBN: 978-85-225-1346-8

  1. Marketing. 2. Canais de distribuição. 3. Comércio eletrônico. I. Fundação Getulio Vargas. II. Título. III. Série.

CDD – 658.87

Sumário

Apresentação 7

Capítulo 1. Principais conceitos e definições 9
    Marketing e canais de distribuição 9
    Tipos de canais de distribuição 14
    Eficiência contatual 17
    Níveis dos canais de distribuição 18
    Macrofatores ambientais 23
    Macrofatores legais 24
    Macrofatores econômicos 26
    Macrofatores socioeconômicos 29
    Macrofatores competitivos 31
    Macrofatores tecnológicos 32

Capítulo 2. Os elos do sistema de distribuição:
fabricantes, atacadistas, varejistas e agentes facilitadores 35
    Fabricantes ou produtores 35
    Intermediários de atacado 37
    Intermediários de varejo 51
    Agentes facilitadores 66

Capítulo 3. Análise estratégica dos canais de distribuição 71
    A importância relativa da estratégia de
    distribuição para os objetivos das empresas 71
    Estratégia de canais e os objetivos corporativos 72
    A relação entre o mix de marketing e a estratégia de canais 73
    Vantagem competitiva e canais de distribuição 76
    Definição de desenho de canais de distribuição 77
    Definição e coordenação dos objetivos da distribuição 78
    Especificação das tarefas de distribuição 81

    Principais variáveis internas a serem consideradas
no desenho e estratégia dos canais de distribuição. 82

**Capítulo 4. Conflitos, estratégias de comunicação
nos canais de distribuição e comércio eletrônico** 93

    Definição e tipos de conflitos nos canais de distribuição 93
    Causas de conflitos nos canais 95
    Administração e solução de conflitos nos canais de distribuição 98
    Estratégia de comunicação nos canais de distribuição 100
    Novas tendências nos canais de distribuição: e-commerce 111
    Os mercados do comércio eletrônico. 112
    O consumidor on-line do mercado B2B 113
    Vantagens do comércio eletrônico 114
    Desvantagens do comércio eletrônico 116

Bibliografia 121
Sobre o autor 123

Apresentação

A Fundação Getulio Vargas (FGV) foi fundada em 1944 com o objetivo de contribuir para o desenvolvimento do Brasil, por meio da criação e da difusão de técnicas e ferramentas de gestão. Em sintonia com esse objetivo, em 1952, a FGV, comprometida com a mudança nos padrões administrativos do setor público, criou a Escola Brasileira de Administração Pública (Ebap). Em seus mais de 60 anos de atuação, a Ebap desenvolveu competências também na área de administração de empresas, o que fez com que seu nome mudasse para Escola Brasileira de Administração Pública e de Empresas (Ebape).

A partir de 1990, a FGV se especializou na educação continuada de executivos, consolidando-se como líder no mercado de formação gerencial no país, tanto em termos de qualidade quanto em abrangência geográfica dos serviços prestados. Ao se fazer presente em mais de 100 cidades no Brasil, por meio do Instituto de Desenvolvimento Educacional (IDE), a FGV se tornou um relevante canal de difusão de conhecimentos, com papel marcante no desenvolvimento nacional.

Nesse contexto, a Ebape, centro de excelência na produção de conhecimentos na área de administração, em parceria com o programa de educação a distância da FGV (FGV Online), tem possibilitado que o conhecimento chegue aos mais distantes lugares, atendendo à sociedade, a executivos e a empreendedores, assim como a universidades corporativas, com projetos que envolvem diversas soluções de educação para essa modalidade de ensino, de *e-learning* à TV via satélite.

A Ebape, em 2007, inovou mais uma vez ao ofertar o primeiro curso de graduação a distância da FGV, o Curso Superior em Tecnologia em Processos Gerenciais, o qual, em 2011, obteve o selo CEL (teChnology-Enhanced Learning Accreditation) da European Foundation for Management Development (EFMD), certificação internacional baseada em uma série de indicadores de qualidade. Hoje, esse é o único curso de graduação a distância no mundo a ter sido certificado pela EFMD-CEL. Em 2012, o portfólio de cursos Superiores de Tecnologia a distância diplomados pela Ebape aumentou significativamente, incluindo áreas como gestão comercial, gestão financeira, gestão pública e marketing.

Cientes da relevância dos materiais e dos recursos multimídia para esses cursos, a Ebape e o FGV Online desenvolveram os livros que compõem a Coleção Práticas de

Gestão com o objetivo de oferecer ao estudante – e a outros possíveis leitores – conteúdos de qualidade na área de administração. A coleção foi elaborada com a consciência de que seus volumes ajudarão o leitor a responder, com mais segurança, às mudanças tecnológicas e sociais de nosso tempo, bem como às suas necessidades e expectativas profissionais.

Flavio Carvalho de Vasconcelos
FGV/Ebape
Diretor

www.fgv.br/ebape

Capítulo 1

Principais conceitos e definições

Neste capítulo, apresentaremos uma visão introdutória e contextualizada da gestão dos canais de distribuição. Examinaremos os principais conceitos básicos relacionados aos canais de distribuição de produtos e serviços, definiremos seus atores, tipos e a intensidade desses canais. Trataremos, também, dos principais macrofatores que podem influenciar e impactar o desenho dos canais de distribuição das empresas.

Marketing e canais de distribuição

Como prática, o marketing é visto e reconhecido como aspecto fundamental da vida das organizações.

Para Peter Drucker (1954), o marketing é tão básico que não deveria ser considerado uma função autônoma na organização.

A área de marketing equivale a todo o negócio, visto do ponto de vista de seu resultado final, ou seja, do ponto de vista do consumidor. Entretanto, nem todos conhecem a definição de marketing. Muitos a reduzem a propaganda ou publicidade.

> **CONCEITO-CHAVE**
>
> O marketing trata das questões mercadológicas das organizações, isto é, das técnicas e ferramentas para a promoção, venda, distribuição e precificação de bens e serviços.

O papel fundamental do marketing deriva do fato de ele ser o processo por meio do qual a organização cria valor para seus consumidores.

Nesse sentido, para se manter viável, a organização deve empreender a busca contínua da sustentação do processo de criação de valor ao longo do tempo. À criação sustentável de valor no tempo denominamos *administração de marketing*.

O plano de marketing deve ser elaborado após a análise ambiental e a conclusão do processo de posicionamento de produtos e serviços, de modo a atingir os objetivos traçados para determinado produto. Tais atividades abrangem decisões sobre o *mix de marketing*, ou seja, sobre o produto, seus canais de distribuição, formas de comunicação e de precificação.

PETER DRUCKER

Considerado o pai da gestão, é o autor com mais livros publicados sobre economia e análise social.

Escreveu o primeiro livro, *Concept of the corporation* (1946), baseado em seus estudos sobre a General Motors. Contudo, foi em *The pratice of management* (1954) que conferiu à gestão o status de disciplina.

Drucker dividiu o trabalho dos gestores em seis tarefas: definir objetivos, organizar, comunicar, controlar, formar e motivar pessoas. Além de cunhar ideias como as da privatização, do cliente em primeiro lugar, do papel do líder, da descentralização, da era da informação, da era do conhecimento e da gestão por objetivos, lançou o profético livro *The age of discontinuity* (1969), no qual anunciou a chegada dos trabalhadores do conhecimento.

Nos últimos anos, tem estudado o tema da gestão de organizações sem fins lucrativos.

PROPAGANDA

Difusão de ideias, conhecimentos ou teorias por meio de mensagem informativa ou persuasiva, por meio de anunciante identificado, mediante compra de espaço em TV, jornal, revista, entre outros meios de comunicação.

CRIAÇÃO DE VALOR

Concentração de esforços necessários para incrementar o produto oferecido, visando aumentar seu valor de mercado.

PLANO DE MARKETING

Documento que formula um plano para comercializar produtos e/ou serviços. O plano de marketing é a base do plano estratégico, pois determina, por meio de estudos de mercado, como e quando será produzido um bem, serviço ou ideia para a posterior venda a indivíduos ou grupos.

PRINCIPAIS CONCEITOS E DEFINIÇÕES | 11

A área de marketing na organização pode ser representada, tal como na figura 1.

FIGURA 1: ADMINISTRAÇÃO DE MARKETING

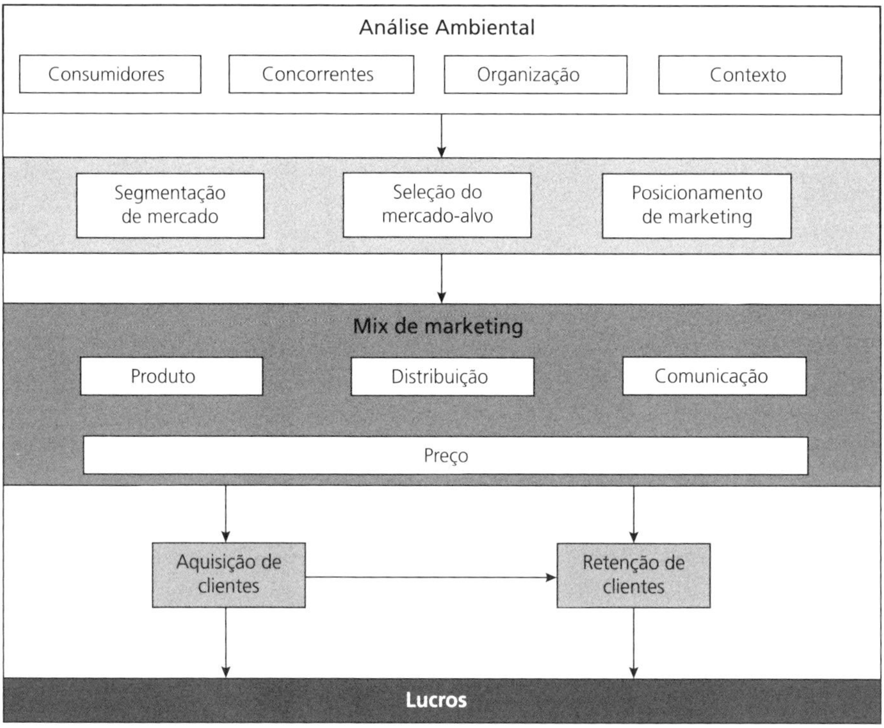

Análise Ambiental
Consumidores — Concorrentes — Organização — Contexto
Segmentação de mercado — Seleção do mercado-alvo — Posicionamento de marketing
Mix de marketing
Produto — Distribuição — Comunicação
Preço
Aquisição de clientes → Retenção de clientes
Lucros

Fonte: Adaptado de Sobral e Peci (2008).

Em síntese, os esforços de marketing da organização dizem respeito ao conjunto de ações que têm o objetivo de criar valor para os consumidores. Logo, é fundamental compreender suas necessidades e padrões de comportamento.

> A criação de valor para os consumidores é objeto do mix de marketing – ou **4Ps** –, que constitui o conjunto de variáveis sobre as quais os administradores de marketing tomam decisões.
>
> **Produto** – desenvolvimento de um produto que satisfaça a necessidade dos clientes.
>
> **Praça** – sistema de distribuição, ou seja, canal que permite o acesso do cliente ao produto ou serviço.
>
> **Promoção** – desenvolvimento de campanha de comunicação que transmita o valor do produto ao consumidor.
>
> **Preço** – política de preço, precificação do produto.

A distribuição diz respeito à concepção e à gestão dos canais por meio dos quais a organização e seus produtos chegam ao mercado.

É por meio da distribuição que se materializa a troca entre a empresa e seus consumidores. Os canais de distribuição, portanto, devem ser capazes de gerar e satisfazer a demanda para os produtos da organização.

Logo, as decisões relativas à definição da política de distribuição dizem respeito à gestão de um sistema voltado para a entrega do produto certo, no local certo, no momento certo e nas quantidades certas.

A maioria de fabricantes ou produtores de bens e serviços não os vende diretamente a seus consumidores finais. Entre as organizações e seus clientes podem existir diversos intermediários realizando várias funções. Esses intermediários constituem o canal de distribuição.

> **ALKETA PECI**
>
> Doutora em administração pela Ebape/FGV. Mestra em administração pública pela Ebape/FGV. *Master in international business for young foreign import-export managers* pela Stoa/ICE, Itália. Graduada em administração de empresas pela Universidade de Tirana, Albânia. Professora da Ebape/FGV. Pesquisadora do CNPq. Foi pesquisadora visitante da George Washington University, EUA. Atuou na coordenação acadêmica do curso de Mestrado em Administração Pública da Ebape/FGV e em projetos de consultoria e pesquisa para o Tribunal de Contas da União, Casa Civil da Presidência da República, Ministério da Defesa e governos estaduais. Desenvolveu ensino, pesquisas e consultorias nas áreas de administração pública e teoria das organizações. Autora de *Regulação no Brasil: desenho, governança, avaliação* e coautora de *Administração: teoria e prática no contexto brasileiro* e de *Regulação, defesa da concorrência e concessões*.

> **CONCEITO-CHAVE**
>
> Os canais de distribuição – também conhecidos como canais de marketing ou canais comerciais – são conjuntos de organizações interdependentes envolvidas no processo de disponibilização de um produto ou serviço para uso ou consumo (Coughlan et al., 2002).

Segundo Kotler, nos canais de distribuição, os intermediários podem ser:

Comerciantes – atacadistas e varejistas –, pois compram, adquirem direitos e revendem produtos.

Corretores – representantes de fabricantes, representantes de vendas etc. –, pois buscam clientes e negociam em nome do fabricante, sem, contudo, ter qualquer direito sobre os produtos.

Facilitadores – transportadoras, call centers, armazéns independentes, bancos e agências de publicidade –, pois apoiam a distribuição e, como tal, não possuem quaisquer direitos sobre produtos, não negociam compras ou vendas.

As decisões relativas à escolha dos canais de distribuição estão entre as mais importantes do gestor de marketing.

Ao ser definida a estratégia de distribuição de um produto ou serviço, o administrador de marketing precisa, entre outros aspectos, considerar:

- os elos da cadeia de distribuição;
- os canais, próprios ou de intermediários, que serão utilizados;
- a intensidade da distribuição: intensiva, seletiva ou exclusiva;
- o tipo de relacionamento que será estabelecido.

PHILIP KOTLER

Doutor em economia pelo Massachusets Institute of Technology, Kotler leciona marketing internacional na Kellog Graduate School of Management, da Northwestern University.

Considerado um dos pais do marketing, definiu seus princípios elementares, dedicando boa parte de seu tempo à pesquisa e à sua difusão. Por considerá-lo a essência da empresa, afirmava que o marketing é importante demais para ser feito apenas pelos marqueteiros. Por consequência, todos os profissionais da organização devem fazer marketing, devendo este ser o timoneiro da empresa.

> **COMENTÁRIO**
>
> Os canais selecionados afetam todas as outras variáveis da administração de marketing.
>
> O preço de produtos ou serviços depende da opção por lojas especializadas ou grandes varejistas. A força de vendas da organização e seus esforços de divulgação dependem do treinamento e motivação dos revendedores.

Tipos de canais de distribuição

Segundo Roccato (2008), toda operação de oferta e venda de produtos ou serviços exige a definição da forma como esses produtos ou serviços chegarão ao cliente final – empresas ou pessoas. Esse processo constitui a determinação dos sistemas de distribuição.

Os canais de distribuição podem ter diversos elos:

> **PEDRO LUIZ ROCCATO**
>
> Atua na área de tecnologia e gestão de empresas. Presidente do Grupo Direct Channel e palestrante nacional e internacional, com participação nos principais congressos e eventos dos segmentos de canais de vendas para o mercado corporativo, SMB/PME e mercado de consumo. Fundador e presidente do Conselho de Canais de Vendas e Distribuição do Brasil.
>
> Executivo da Itautec, Philco, Parks e Microsoft Brasil. Consultor em projetos de canais indiretos de vendas para os mercados de varejo.
>
> Autor dos livros *A bíblia de canais de vendas e distribuição* e *Canais de vendas e distribuição*.

• Fabricantes e produtores

• Distribuidores

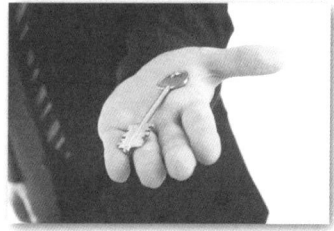

- Revendedores

- Clientes finais

Uma cadeia de distribuição não precisa ter todos esses elos. Cada operação da organização tem características únicas. A especificidade de seus bens ou serviços e a estratégia de marketing por ela adotada irão definir o modelo a ser empregado.

Tipos de canais de distribuição

Canal direto	Canal indireto	Canal híbrido
O fabricante distribui e comercializa seus produtos ou serviços diretamente com clientes finais.	O fabricante distribui e comercializa seus produtos ou serviços com revendedores e clientes finais.	O fabricante distribui e comercializa seus produtos ou serviços tanto por meio de canais direto de vendas quanto por canais indiretos.

EXEMPLO

A fabricante de computadores Dell apenas ofertava seus produtos por meio de um canal direto de vendas. A partir de 2007, adotou o modelo híbrido, ou seja, nomeou revendedores para oferta e venda de seus produtos aos clientes finais em outros canais de varejo.

Canais indiretos: por que usá-los? Por que um fabricante delega parte do trabalho de vendas a um intermediário?

Delegar este tipo de tarefa pode significar a perda de parte do controle sobre como e para quem são comercializados seus produtos e serviços.

A operação por meio de canais indiretos é uma excelente alternativa para levar produtos e serviços a qualquer lugar do planeta.

> **EXEMPLO**
>
> Um modelo exemplar nesse sentido é a Coca-Cola, que trabalha com distribuidores e revendedores em todo o mundo. Além disso, em países de dimensões continentais, como o Brasil, canais indiretos oferecem muitas vantagens.
>
> A falta de recursos financeiros é um impeditivo para comercialização direta.
>
> Mesmo as grandes montadoras mundiais de automóveis teriam muitas dificuldades para adquirir todos os seus revendedores. Nos Estados Unidos, por exemplo, a GM tem 8.100 concessionárias.
>
> Especialização do trabalho na economia.
>
> Quando uma tarefa complexa é desdobrada em tarefas menores e mais simples, é possível alocar as partes simplificadas em empresas especializadas, aumentando a eficiência do sistema de distribuição em virtude do expertise e know-how do distribuidor.
>
> Em alguns casos, a comercialização direta simplesmente não é viável.
>
> Para a Willian Wrigley Jr., fabricante de gomas de mascar, é mais simples operar com uma extensa rede de empresas independentes de distribuição do que abrir pequenas lojas de chicletes em todo o mundo ou vendê-los pelo correio. Para conseguir isso, a empresa precisaria comercializar os chicletes com outros produtos, transformando-se em uma varejista, perdendo o foco do seu negócio.

Para Kotler (2000), os intermediários são capazes de alcançar maior eficiência quando disponibilizam mercadorias em larga escala e as tornam acessíveis aos consumidores.

A premissa fundamental é que o emprego de intermediários – canais indiretos – pode aumentar o nível de eficiência da distribuição ao reduzir o número de contatos e o trabalho necessário.

Segundo Rosenbloon (2002), a decisão de usar um canal indireto é influenciada também pela chamada eficiência contatual, ou seja, o nível de esforço de negociação entre vendedores e compradores para se atingir um objetivo de distribuição.

Logo, a eficiência contatual é uma relação entre um recurso (esforço de negociação) e um produto (objetivo de distribuição).

Eficiência contatual

Relação entre um recurso – esforço de negociação – e um produto – objetivo de distribuição.

Uso de canais indiretos para aumentar o nível de eficiência da distribuição, com base no uso de atacadistas e varejistas.

> **BERT ROSENBLOOM**
>
> Bacharel em administração de empresas, MBA em marketing, PhD em marketing pela Temple University. Bert Rosenbloom é professor catedrático de gestão de marketing na Drexel University, Filadélfia, e autor de *Canais de marketing: uma visão de administração*.

FIGURA 2: CONTATOS FABRICANTE/VAREJISTAS

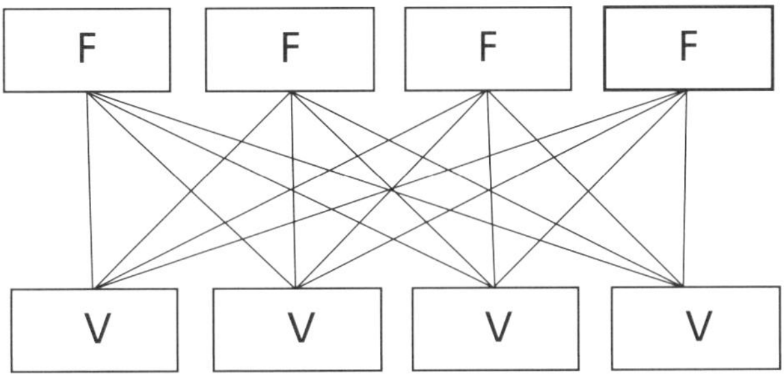

Fonte: Rosenbloon (2002).

Como são quatro fabricantes que contatam diretamente quatro varejistas, o número de contatos (esforço de trabalho) necessário para todos os fabricantes contatarem todos os varejistas é igual ao total de fabricantes *vezes* o total de varejistas (4 x 4 = 16 contatos).

FIGURA 3: CONTATOS FABRICANTE/ATACADISTA/VAREJISTAS

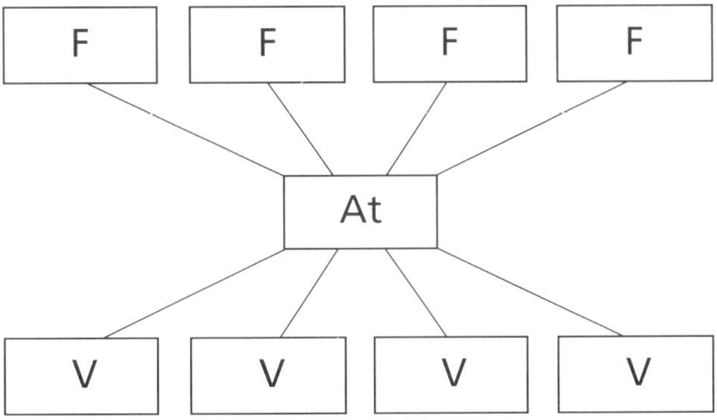

Fonte: Rosenbloon (2002).

Quando adicionado um atacadista ao sistema, os quatro fabricantes entram em contato com os varejistas indiretamente. O número de contatos necessário equivale ao total de fabricantes *mais* o total de varejistas, pois cada fabricante faz apenas um contato (4 + 4 = 8 contatos).

> **COMENTÁRIO**
>
> Não existe modelo ideal de distribuição. Essa é uma decisão estratégica da organização, já que deve levar em consideração suas necessidades específicas. O modelo a ser adotado pela organização varia em função das características particulares de seus produtos ou serviços em cada mercado.

> **EXEMPLO**
>
> **LOJAS PRÓPRIAS GARANTEM O CRESCIMENTO DA HERING**
>
> Após prejuízos de milhões de reais ao longo da década de 1990, a empresa de malhas Hering comemorava, em 2004, o sucesso das mudanças implementadas em sua estrutura organizacional.
>
> O lucro da empresa no ano anterior havia alcançado a cifra de R$ 11,6 milhões, com receita na ordem de R$ 337 milhões.
>
> A mudança radical de resultados foi efeito de uma nova estratégia de distribuição, caracterizada pela disseminação de lojas próprias, onde a margem de lucro era significativamente maior do que nas vendas em grande escala por atacado.
>
> Em 1997, após reestruturação, a empresa apostou no comércio varejista. A organização optou por focar no público-alvo de maior poder aquisitivo, investindo maciçamente na construção de lojas próprias em pontos nobres de grandes cidades do Brasil. As vendas nesses canais apresentaram resultados muito rapidamente: em 2002, 21% das vendas totais; em 2003, alcançaram 32%.
>
> A comercialização direta abriu novas oportunidades e possibilidades de expansão para a empresa, que começou o século lucrando e com boas perspectivas.
>
> Fonte: Costa (2004 apud Sobral e Peci, 2008).

Níveis dos canais de distribuição

Um sistema de distribuição pode ser estruturado em quatro níveis:
- fabricantes;
- distribuidores;
- revendedores;
- consumidores finais.

Além disso, não existe um modelo ideal de distribuição.

> **COMENTÁRIO**
> Os únicos membros do canal de distribuição que estão sempre presentes são o fabricante e o consumidor.

Canal de nível zero

O canal de nível zero ou canal de marketing direto é o canal de distribuição que conta apenas com o fabricante e o consumidor.

Instrumentos de canal nível zero

Mala direta

Empresas que fazem malas diretas eletrônicas para enviar mensagens a uma base de clientes, informando sobre suas promoções.

A Franklin Mint, empresa especializada em itens de colecionador, vende seus produtos por meio de malas diretas. O mesmo recurso é empregado pelas companhias aéreas TAM e GOL, por exemplo, e pela rede de hotéis Accor.

Telemarketing

Empresas fazem uso do telemarketing como canal para venda de seus serviços.

Empresas de telefonia – Vivo, TIM, Claro e Oi –, bem como administradoras de cartão de crédito – Visa e Mastercard –, fazem uso desse canal de venda de seus serviços.

Infocomerciais

Emissoras de TV usam infocomerciais – programação paga ou teleshopping –, transmitindo-os durante um programa regular de televisão.

Fabricantes de joias e equipamentos de condicionamento físico costumam usar esse tipo de canal.

Vendas de porta em porta

Empresas vendem seus produtos na residência dos consumidores por meio de sua força de vendas.

Indústrias de cosméticos – Avon e Natura – tradicionalmente empregam esse instrumento de canal de distribuição para atingir seu mercado-alvo.

Pontos de venda próprios

Empresas têm lojas que expõem e comercializam somente os produtos de suas marcas.

Singer, Sony e Nike são fabricantes industriais que também possuem esse tipo de canal em seus sistemas de distribuição.

Além do canal de nível zero, entre os canais indiretos, existem:

- *canal de um nível* – com um único intermediário de vendas, como um varejista;
- *canal de dois níveis* – com dois intermediários, como um atacadista e um varejista;
- *canal de três níveis* – com três intermediários, como um atacadista que vende para atacadistas especializados e estes, por sua vez, vendem para pequenos varejistas.

A figura 4 exemplifica canais de distribuição em diferentes extensões para bens de consumo.

FIGURA 4: CANAIS DE DISTRIBUIÇÃO EM BENS DE CONSUMO

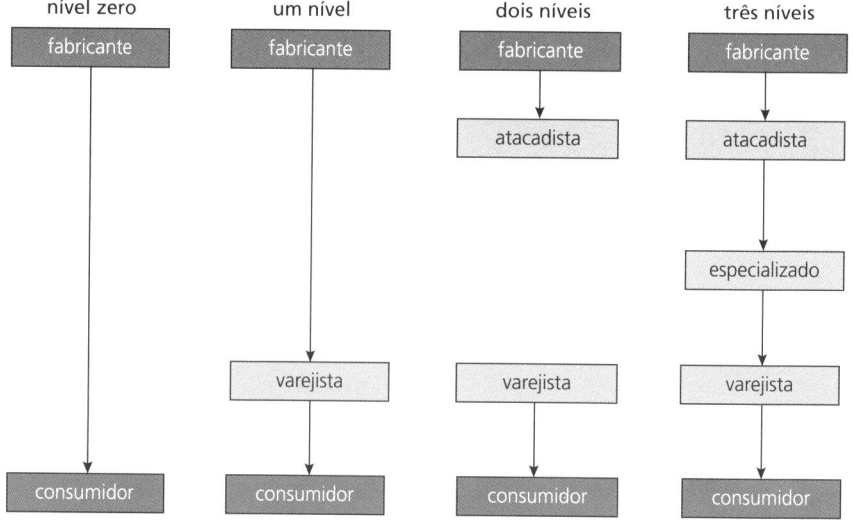

Fonte: Kotler (2000).

Segundo Kotler (2000):

1. um fabricante de mercadorias de bens de consumo pode vender seus produtos diretamente a seus clientes – canal de nível zero – ou a um varejista – canal de um nível –, os quais venderão aos consumidores finais;
2. esse fabricante também pode vender a um atacadista, o qual venderá a um varejista, até chegar ao consumidor final – canal de dois níveis;
3. esse fabricante pode vender também ao atacadista, que venderá a um atacadista especializado, o qual repassará o produto a um varejista, de modo a chegar ao consumidor final posteriormente – canal de três níveis.

De forma geral, após ter definido o tipo de canal para a distribuição de um produto ou serviço, a organização precisar selecionar o tipo de intensidade dessa distribuição, ou seja, a quantidade de pontos de venda [PDVs] e sua localização geográfica.

De acordo com Kottler (2000), as organizações têm três opões de intensidade na distribuição de um produto ou serviço:

> **CONCEITO-CHAVE**
>
> **DISTRIBUIÇÃO INTENSIVA**
>
> Processo abrangente em que o fabricante procurar colocar seu produto ou serviço no maior número possível de pontos de venda.

Itens com perfil de consumo em massa – refrigerantes, cigarros, biscoitos e sabonetes – são distribuídos de forma intensiva em uma grande gama de estabelecimentos diferentes [lojas de conveniência, supermercados, pequenos varejistas, bares, restaurantes, bancas de jornal etc.].

> **CONCEITO-CHAVE**
>
> **DISTRIBUIÇÃO SELETIVA**
>
> Processo em que o fabricante – com marca estabelecida perante seus consumidores ou novas empresas que buscam distribuidores – usa determinados intermediários para comercializar um produto específico.

O fabricante não necessita dispersar seus esforços em muitos PDVs e consegue ter uma cobertura de mercado adequada, com mais controle e menos custos do que no caso da distribuição intensiva.

> **CONCEITO-CHAVE**
>
> **DISTRIBUIÇÃO EXCLUSIVA**
>
> Processo em que o fabricante tem poucos intermediários envolvidos em seu sistema de distribuição, o que requer grande proximidade entre fabricante e distribuidor e acordos de direito de exclusividade nos quais os revendedores concordam em não comercializar marcas concorrentes.

O fabricante deseja manter um controle muito restrito sobre o nível de serviço, a dedicação e a produção de serviços oferecidos pelos revendedores; é normalmente utilizada em concessionárias de carros novos e de alguns aparelhos eletrodomésticos, bandeiras de postos de combustível e algumas marcas de vestuário feminino.

Segundo Kotler (2000), os fabricantes normalmente ponderam a possibilidade de deslocar sua distribuição seletiva ou exclusiva para uma distribuição intensiva. No entanto, ainda que essa mudança possa beneficiar a empresa no curto prazo, pode, no longo prazo, causar prejuízos.

> **EXEMPLO**
>
> **OS BILL BLASS**
>
> Se a Bill Blass – fabricante de roupas de grife – trocasse seus varejistas de luxo por comerciantes de massa, perderia muito o controle sobre a forma de exposição do produto, seus níveis de atendimento e a precificação. Poderia, ainda, perder seu *appeal* e a identificação da marca pelos clientes.
>
> Em PDVs de menor custo, seus produtos começariam a ser oferecidos a preços menores do que em outros varejistas, resultando em uma guerra de preços.
>
> Consequentemente, os produtos da empresa seriam menos valorizados pelos clientes e a capacidade de a empresa obter preços mais altos seria reduzida.
>
> **DISTRIBUIÇÃO SELETIVA NA NIKE**
>
> A Nike, uma das maiores fabricantes mundiais de acessórios esportivos, utiliza uma rede de distribuição seletiva para seus produtos, ou seja:
>
> • lojas de artigos esportivos especializados – como as lojas para golfistas profissionais –, que trabalham com as novas linhas de calçados especiais;

- lojas de artigos esportivos em geral, que trabalham com uma variedade de modelos;
- lojas de departamentos, que trabalham somente com os modelos mais recentes;
- lojas de comercialização em massa, que trabalham com modelos com desconto;
- lojas da Nike – incluindo as famosas Niketowns, em grandes cidades –, que trabalham com a linha completa, com ênfase nas novidades;
- lojas de fábrica, que vendem, principalmente, artigos foras de linha ou com pequenos defeitos.

A Nike, ainda no âmbito da escolha seletiva de seus distribuidores, limita o número de lojas que podem vender seus produtos. Por exemplo, na cidade de Newton County, nos Estados Unidos, somente dois varejistas são autorizados a vender seus produtos.

Fonte: Kotler (2000).

Macrofatores ambientais

De um ponto de vista sistêmico, os canais de distribuição são sujeitos a macrofatores ambientais que podem impactar seu desenho ou a condução dos negócios.

CONCEITO-CHAVE

MACROFATORES

Existem três macrofatores ambientais que podem impactar os canais de distribuição:

- macrofatores legais;
- macrofatores econômicos;
- macrofatores socioculturais.

COMENTÁRIO

Em uma economia livre como a nossa, e de acordo com as normas gerais da legislação brasileira, as empresas têm ampla liberdade de atuação, não podendo ser proibido aquilo que não houver sido especificamente definido em lei.

As empresas estão livres para desenvolver seus canais de distribuição de acordo com a conveniência de sua estratégia e de seus produtos.

Em diversos países, determinadas práticas costumam ser alvo de restrições legais, de modo a se evitarem monopólios de mercados ou práticas desleais de concorrência. No Brasil, as principais organizações voltadas para combater os abusos econômicos são o Conselho Administrativo de Defesa Econômica (Cade) e a Secretaria de Direito Econômico, ambos vinculados ao Ministério da Justiça.

Macrofatores legais

Kotler (2000) enumera macrofatores legais, ou seja, práticas coibidas pelos sistemas legais de vários países.

Direitos de exclusividade

O fabricante exige que os membros do canal de distribuição vendam somente seus produtos, bloqueando o acesso dos concorrentes a esses canais.

> **COMENTÁRIO**
> Para o fabricante, há o acesso exclusivo a canais de distribuição, garantindo suas vendas e impedindo a dos rivais. Já para o cliente do fabricante, há uma fonte fixa de suprimento de produtos especiais e apoio consistente do fabricante.

Os *direitos de exclusividade* são legais na medida em que:
- não diminuam significativamente a capacidade de concorrência dos fabricantes do setor;
- não ensejem a constituição de monopólios;
- não se configurem como imposição do fabricante aos seus clientes.

Segundo a justiça brasileira, um bom exemplo de uso inadequado envolvendo os direitos de exclusividade no país é o caso da AmBev e o processo aberto por uma de suas rivais no âmbito legal.

> **EXEMPLO**
> **RESTRIÇÕES LEGAIS NOS CANAIS DE DISTRIBUIÇÃO DA AMBEV**
>
> A Ambev foi acusada pelas rivais de adotar práticas monopolistas. Nesse quesito, as derrotas foram duas em menos de um mês na Justiça.
>
> A Secretaria de Direito Econômico (SDE), do Ministério da Justiça, recomendou que a empresa fosse condenada em processo movido pela Schincariol, em virtude de acusações, pelas rivais, de adotar práticas monopolistas. Segundo a SDE, a Ambev prejudica o mercado com um programa de relacionamento com bares, o Tô Contigo.
>
> Com base em documentos apreendidos na Ambev com autorização da Justiça, a SDE concluiu que a empresa distribui prêmios e dá descontos aos bares participantes do Tô Contigo em troca da garantia de exclusividade nas vendas, algo que vai contra as leis da concorrência. "Essa exigência ficou clara", diz a secretária Mariana Tavares, titular da SDE. O Tô Contigo

começou a funcionar dois meses após o lançamento da Nova Schin, o que foi visto pela Schincariol como uma forma de criar barreiras a seu crescimento. "Os bares viram-se forçados a aderir ao Tô Contigo para ter direito aos descontos oferecidos pela Ambev, em troca da exclusividade", diz José Domingos Francischelli, diretor de relações institucionais da Schincariol.

O processo foi enviado ao Conselho Administrativo de Defesa Econômica (Cade) com a recomendação de que a empresa dê tratamento igual a todos os bares do país, independentemente de haver contrato de exclusividade de vendas.

Fonte: Transcrito de Onaga (2007).

Exclusividade territorial

O fabricante firma acordos sobre territórios exclusivos para não vender seus produtos a outros revendedores de uma mesma área geográfica. Da mesma forma, o distribuidor pode concordar em vender os produtos do fabricante apenas na área em que atua.

COMENTÁRIO

O primeiro formato – *não vender seus produtos a outros revendedores de uma mesma área geográfica* – aumenta a motivação e o comprometimento do revendedor, uma vez que ele passa a ser o único vendedor de determinado produto em uma região. Esse formato é perfeitamente legal, já que nenhum fabricante é obrigado, por lei, a negociar com mais de um revendedor.

O segundo formato – *o distribuidor pode concordar em vender os produtos do fabricante apenas na área em que* atua – já foi alvo de questões judiciais nos Estados Unidos.

EXEMPLO

Segundo Kottler (2000), a GT Bicycles e a cadeia Price-Costco fizeram um acordo territorial, para vender milhares de suas caras bicicletas com um grande desconto, prejudicando outros revendedores da GT nos Estados Unidos.

A GT alegou que vendeu suas bicicletas a um distribuidor na Rússia para que fossem revendidas somente naquele país. Afirmou, ainda, ser fraude o fato de lojas de descontos empregarem intermediários para conseguir mercadorias exclusivas.

Acordos vinculados

O fabricante determina que os revendedores somente poderão trabalhar com seus produtos se eles se comprometerem a operar com outros itens de seu portfólio. Em casos mais extremos, com a linha completa – prática denominada *forçar a linha completa*. Via de regra, esse formato é considerado legal, mas pode afrontar legislações nacionais anticoncorrenciais.

> Segundo Rosenbloom (2002), um exemplo de imposição de linha completa que violou os limites legais foi o caso de a Levi Strauss ter recebido uma injunção da Federal Trade Comission para interromper a prática de forçar o varejo a comprar diversos produtos de vestuário, para que pudesse trabalhar com o campeão de vendas do fabricante: o jeans Levi's. Muitas das peças que os varejistas eram obrigados a adquirir eram itens indesejáveis ou fora de moda. Contudo, se eles não comprassem essas peças, ficavam impossibilitados de ter acesso ao jeans – categoria muito importante de venda.
>
>
>
> Muitas das peças que os varejistas eram obrigados a adquirir eram itens indesejáveis ou fora de moda. Contudo, se eles não comprassem essas peças, ficavam impossibilitados de ter acesso ao jeans – categoria muito importante de venda.
>
> O encalhe das peças extras e o consequente excesso de estoque impediam que os fabricantes adquirissem produtos dos concorrentes da Levi Strauss, prejudicando a concorrência e o consumidor final.

Macrofatores econômicos

Para Rosenbloom (2002), a variável econômica é um fator determinante e sensível para o comportamento e desempenho de um canal de distribuição.

> **COMENTÁRIO**
>
> São inúmeros os fatores econômicos que podem causar impactos negativos ou positivos em um canal de distribuição. Aqui, serão abordados a recessão, a inflação, a taxa de juros e a taxa de câmbio.

Recessão econômica

Os gastos com consumo – especialmente bens duráveis – tendem a descrever uma curva descendente de demanda. Em diversos casos, essas curvas podem ser muito acentuadas, reduzindo drasticamente a busca por tais produtos.

Nesse contexto, todos os membros de um canal podem ser impactados pela redução da atividade econômica e do consumo, perdendo vendas e lucratividade.

Empresas com grandes estoques são ainda mais afetadas, podendo ir à falência devido aos altos custos de manutenção de estoques.

> **CURVA DE DEMANDA**
>
> Representação gráfica da relação matemática existente entre a quantidade de um produto ou serviço que os consumidores estão dispostos a pagar por esse bem ou serviço.

EXEMPLO

COMO AJUDAR OS PARCEIROS DO CANAL EM TEMPOS DE CRISE ECONÔMICA

Em um quadro de recessão, é apresentado um dos maiores desafios aos gestores de canais de distribuição – como ajudar os membros do canal a suportar o período de desaceleração da economia. A Owens Corning Corporation constitui um bom exemplo de como um fabricante pode responder rapidamente aos problemas dos membros de seu canal de distribuição em tempos de crise econômica.

No começo de 1990, os Estados Unidos enfrentaram um período de dificuldades em sua economia. Com o consumo em baixa e o PIB negativo, os distribuidores e revendedores da Owens começaram a ficar preocupados com a baixa na venda de isolamentos de fibra de vidro produzidos pela empresa – situação vivida pela Owens na crise econômica na década anterior.

Para dar suporte a seu canal de distribuição, a Owens aumentou os gastos em publicidade e promoção. A principal mensagem passada foi: a aquisição de seu produto pouparia dinheiro às pessoas no longo prazo.

A Owens provou assim que, ciente dos problemas da época, estava fazendo todo o possível para ajudar seus parceiros a tirar os produtos das prateleiras, mesmo durante um período de recessão econômica.

Fonte: Rosenbloom (2002).

Como ressalta Rosenbloom (2002), é muito difícil prever a demanda em períodos inflacionários, já que, embora as taxas altas de inflação possam significar instabilidade macroeconômica – diferentemente do que ocorre na recessão – nem sempre o consumo cai. Isso pode ocorrer quando o país enfrenta uma onda de inflação de demanda ou quando o comportamento do consumidor se pauta em *compre agora antes que fique mais caro*.

> **INFLAÇÃO**
>
> Desequilíbrio monetário ocasionado pela perda do poder de compra da moeda devido ao aumento geral e desordenado dos preços de uma economia.

De 1980 a 1994 – período de inflação aguda no Brasil – era comum o consumidor comprar elevadas quantidades de produtos e mercadorias em supermercados, a fim de estocá-los antes que os preços começassem a subir ou os produtos desaparecessem, já que a prática do governo era tabelar e congelar os preços, o que produzia falta de mercadorias e rupturas de estoques em varejistas.

Taxas de juros reais

Taxa de juros, independentemente de ser nominal ou efetiva, descontada a variação da inflação. Se as taxas de juros reais são baixas, favorecem o consumo, aquecendo a economia e provocando maiores vendas do varejo e do atacado e, consequentemente, maior produção por parte dos fabricantes.

Se as taxas reais são elevadas, derrubam o consumo na economia, pois o custo do dinheiro – financiamento – fica mais elevado para todos os elos do sistema de distribuição: varejistas nas condições de compra dos fabricantes, consumidores em termos de possibilidade de parcelamentos em suas compras. Ou seja, todo o canal de distribuição pode ser negativamente afetado pelas taxas de juros reais.

Taxas de câmbio

É o valor utilizado para conversão de uma moeda a outra.

Se a moeda nacional ficar forte em relação ao dólar, aumentam as importações, o preço dos produtos importados fica mais baixo, retraem-se as exportações.

Nesse sentido, um aumento das importações pode ocasionar perda de mercado para os fabricantes nacionais, uma vez que seus produtos ficam relativamente mais caros do que aqueles trazidos de fora do Brasil. Nesses casos, os varejistas ou atacadistas, clientes desses fabricantes, podem ficar menos propensos a comprar os produtos dos fabricantes locais, impactando negativamente o escoamento, via canal indireto de distribuição, de suas mercadorias.

> **COMENTÁRIO**
>
> No Brasil, desde 2003, a valorização do real vem prejudicando a competitividade das empresas brasileiras, uma vez que a moeda nacional forte em relação ao dólar aumenta as importações.
>
> Além disso, os eventuais canais internacionais de exportação podem ser igualmente impactados na medida em que produtos brasileiros percam competitividade de preço, levando os compradores estrangeiros a optarem por outros produtos.

Macrofatores socioeconômicos

De acordo com Rosenbloom (2002), o ambiente sociocultural influencia todos os aspectos de uma sociedade. Nesse contexto, os canais de distribuição e outras variáveis de marketing também são, naturalmente, impactados pelo ambiente nos quais estão inseridos.

> **EXEMPLO**
>
> **COMO AJUDAR OS PARCEIROS DO CANAL EM TEMPOS DE CRISE ECONÔMICA**
>
> Mesmo que de um modo ainda sutil, a queda sucessiva dos índices de criminalidade destacados pelo Instituto de Segurança Pública (ISP) já começa a se refletir num segmento do mercado de segurança: o número de blindagens de veículos, que custam entre R$ 130 mil e R$ 180 mil, caiu este ano no Rio. Na avaliação de Carlos Miranda, gerente da AGO, concessionária da Mercedes-Benz, a queda varia entre 20% e 30%, em relação ao ano passado, na linha de veículos mais comprados pela classe média. Na dos veículos de R$ 300 mil para cima, não houve alterações, segundo ele.
>
> Miranda salientou, no entanto, que a clientela cuja atividade profissional é exercida em bairros do subúrbio ou em cidades da região metropolitana não abre mão da blindagem. Ele recordou o caso de um conhecido, que preferiu entregar o relógio, de boa marca, a ter o vidro blindado atingido por um tiro:
>
> – O motorista parou num sinal e alguém apontou uma arma para ele. Ele preferiu entregar o relógio a ter que trocar o vidro blindado, bem mais caro. A procura por blindagem tem diminuído bastante este ano. Antes, clientes de classe média ou média alta que compravam um carro na faixa de até R$ 180 mil blindavam o veículo para só depois usá-lo. Hoje não. Mas as pessoas que trabalham na Zona Norte, especialmente as que têm veículos com preços acima de R$ 300 mil, continuam pedindo blindagem.
>
> Fonte: *O Globo*, 12 jun. 2006.

Alguns fatores gerais no contexto do ambiente sociocultural são capazes de impactar os canais de distribuição. Com base em Rosenbloom (2002), três desses fatores são: padrões etários, tendências educacionais e estrutura domiciliar.

Padrões etários ou demográficos

O mercado conta com diferentes perfis de consumidores por faixa etária, já que, em uma população, algumas pessoas envelhecem enquanto outras nascem, ou seja, são novos consumidores.

> **COMENTÁRIO**
>
> Esse mix *de consumidores* deixa em dúvida os gestores de canais de distribuição, pois, por exemplo, eles acabam sem saber se ampliam – ou não – os canais diretos

Tendência educacional

A expansão dos níveis de educação formal – sobretudo do ensino superior – produz clientes e consumidores mais exigentes em termos de sofisticação de produtos e serviços. Esse contexto exige que novos serviços sejam desenvolvidos para atender às demandas desses consumidores. Consequentemente, os gestores de canais precisam inovar e se tornar mais eficientes nas tarefas de distribuição.

> **EXEMPLO**
>
> Os consumidores querem saber mais sobre a qualidade dos produtos que compram, os componentes utilizados em sua fabricação, a maximização dos benefícios e os tipos de garantia fornecidos.

Estrutura domiciliar

Mudanças na estrutura familiar podem influenciar significativamente os padrões de consumo e, consequentemente, gerar efeitos sobre as estratégias de canais de distribuição.

> **EXEMPLO**
>
> As famílias têm ficado menores. Famílias pequenas, casais sem filhos e solteiros podem liberar recursos do orçamento doméstico para consumir bens caros e sofisticados. Muito embora vários desses produtos – celulares, notebooks, câmeras – ainda sejam comercializados maciçamente no varejo com loja, novos tipos de varejistas e distribuidores podem ser necessários para, no futuro, atender a esses consumidores, mudando, dessa maneira, o desenho dos canais de distribuição.

Além dos macrofatores gerais, os macrofatores de mercado podem também influenciar os canais de distribuição, principalmente dois deles: ambiente de competição e tecnologia.

Macrofatores competitivos

O ambiente competitivo dos canais de distribuição pode impactar suas estratégias. Segundo Rosenbloom (2002), existem quatro tipos fundamentais de concorrência que precisam ser considerados pelos gestores dos canais de distribuição.

Concorrência horizontal

Competição entre empresas do mesmo setor, por exemplo:
- fabricantes de eletrônicos;
- fabricantes de carros;
- supermercados varejistas;
- fabricantes de bebidas.

Concorrência intertipos

Competição entre diferentes tipos de empresas no mesmo nível de canal de distribuição, como:
- lojas de descontos e lojas de departamentos;
- atacadista tradicional e agentes e corretores.

Concorrência vertical

Competição entre membros em diferentes níveis do canal de distribuição, por exemplo:
- varejista e atacadista;
- fabricante e varejista;
- atacadista e fabricante.

A evolução da estrutura competitiva dos setores econômicos é capaz de impactar os canais até o ponto de sua extinção.

Nos Estados Unidos, no setor de material de escritório, o surgimento de hipermercados de grande porte provocou o fim das pequenas papelarias de bairro, além da estrutura atacadista de canal que as abasteciam.

No mercado americano de jeans, os fabricantes de marcas nacionais (Levi Strauss e VF Corporation) têm enfrentado forte concorrência das marcas próprias de jeans de grandes varejistas, como a GAP, a Sears e J. C. Penney.

Os varejistas preferem vender suas marcas, já que assim suas margens brutas são maiores e eles ficam mais independentes em relação aos grandes fabricantes.

Macrofatores tecnológicos

De acordo com Rosenbloom (2002), a tecnologia é, provavelmente, fator que impacta os canais mais rapidamente. Logo, os gestores de canais de distribuição devem ficar atentos às inovações tecnológicas que podem afetar seus sistemas, gradativa ou subitamente.

> **COMENTÁRIO**
> Ao longo do tempo, o advento de novas tecnologias de comunicação e transporte vem revolucionando os mercados e seus sistemas de distribuição subjacentes.

Internet

As taxas de crescimento em vendas pela internet têm sido expressivas ao longo dos últimos anos – embora seu *share* ainda seja relativamente pequeno em relação ao total – e impactado os canais de distribuição.

> **EXEMPLO**
>
> **VENDAS PELA INTERNET MOVIMENTAM R$ 10,6 BI EM 2009 E CRESCEM 30%**
>
> As compras feitas pela internet no ano passado (2009) totalizaram R$ 10,6 bilhões, com alta de 30% no confronto com 2008, de acordo com pesquisa da consultoria de comércio eletrônico e-Bit. Os números divulgados não consideram as vendas de veículos, passagens aéreas e leilões virtuais.
>
> Cerca de 17,6 milhões de consumidores brasileiros já haviam feito pelo menos uma compra pela internet ao final de 2009, segundo o levantamento, com crescimento de 33%. O número representa 26% dos internautas no Brasil, o que mostra, de acordo com a consultoria, que ainda há muito espaço para crescer. Desse total, 4,4 milhões tiveram a experiência de uma compra virtual pela primeira vez no ano passado.
>
> "Empresas que já têm uma marca forte no varejo podem atrair novos consumidores para o canal", comenta o diretor-geral da e-Bit, Pedro Guasti. "Para o setor", completa, "é importante também porque a chegada de grandes 'players' representa mais investimentos em mídia, plataforma e logística".

Livros, revistas e jornais lideraram as vendas virtuais, com 20% do volume de pedidos no ano passado, seguidos de saúde, beleza e medicamentos (13%). Com a redução de IPI (Imposto sobre Produtos Industrializados) para a linha branca, os eletrodomésticos garantiram a terceira posição no ranking (11%), praticamente dobrando a participação do ano anterior, logo à frente de itens de informática (9%) e eletrônicos (6%).

Para 2010, a previsão é movimentar R$ 13,6 bilhões, repetindo o ritmo de expansão de 30% superior ao registrado no ano passado. Ao final do primeiro semestre, a projeção da e-Bit é que 19,8 milhões de pessoas tenham adquirido pelo menos um produto pela internet e, para dezembro, a previsão é que o número chegue a 23 milhões.

Fonte: Transcrito de Resende (2010).

COMENTÁRIO

De acordo com Rosenbloom (2002), a internet tem reservado um papel ainda mais relevante no futuro dos mercados, tanto no mercado de consumo quanto para o chamado B2B – *business to business*.

As grandes lojas virtuais já são dominantes nos mercados virtuais, tais como a Amazon e a Barnes & Noble – as duas maiores dos Estados Unidos –, bem como a Submarino, no Brasil. Isso indica um processo de amadurecimento do mercado e concentração de poder de grandes atores empresariais.

Sistemas logísticos

O uso cada vez mais intenso de recursos tecnológicos de gestão – para dar eficiência aos serviços e conhecimento aos consumidores – permite maior integridade e velocidade na troca de informações entre os vários elos do canal de distribuição. A intenção é otimizar diversas atividades para saber onde e quando os produtos devem ser distribuídos, o que e quando estocar, que locais necessitam de que espécie de produtos.

Código de barras

Tecnologia, consolidada no mercado e com custo acessível, que distingue um produto de outro.

RFID

Promete ser a nova revolução para o mercado em termos de tecnologia de ponta de identificação e rastreabilidade.

ECR

Tecnologia que aumenta a eficiência nas cadeias de abastecimento, permitindo a automação de diversas funções, como compras e reposição de mercadorias em grandes varejistas.

VMI

Tecnologia que faz a gestão do estoque pelo fornecedor, o que demanda relacionamento profundo e de confiança entre as partes, pois o comprador passa a abrir seus dados de demanda de produtos para o vendedor.

EXEMPLO

O Grupo Pão de Açúcar faz uso de um ERP para gerenciar a compra de produtos de seus fornecedores. A reposição de seus CDs para as lojas é feita de maneira automática, com base em algoritmos matemáticos que preveem as demandas dos produtos.

Há anos, o Grupo Pão de Açúcar também iniciou um processo de implantação de VMI com seus principais fornecedores de produtos perecíveis – Sadia e Perdigão –, os quais são responsáveis pela elaboração dos pedidos e envio das mercadorias sem que um pedido tenha sido emitido pelo supermercado.

ERP – *ENTERPRISE RESOURCE PLANNING*

Planejamento dos recursos empresariais. Sistemas de gerenciamento de negócios que integram todas as funções empresariais, como planejamento, produção, logística, vendas, finanças etc., de modo que o nível de coordenação seja ampliado pelo compartilhamento de informações entre elas.

Capítulo 2

Os elos do sistema de distribuição: fabricantes, atacadistas, varejistas e agentes facilitadores

Neste capítulo, apresentaremos os principais elos de um sistema de distribuição, que são os fabricantes, os intermediários de atacado, os intermediários de varejo e os agentes facilitadores. Serão examinadas as principais características e definições destes elos, com especial ênfase, em função de sua importância, nos atacadistas e varejistas.

Fabricantes ou produtores

Como foi visto no capítulo 1, os fabricantes e produtores são considerados um dos elos de um sistema de distribuição. Na verdade, segundo Roccato (2008), estes atores podem ser considerados o topo da cadeia de distribuição e, necessariamente, fazem parte de qualquer sistema.

Os fabricantes ou produtores são empresas que produzem bens para serem comercializados pelos canais diretos ou indiretos de vendas.

A produção pode acontecer no país de destino de comercialização ou por meio de unidades fabris situadas em outras nações, de modo que possa ser exportada para diversas localidades no planeta.

> **COMENTÁRIO**
> No caso do setor de tecnologia de informação e comunicação (TIC), no Brasil, por exemplo, grande parte dos produtos trazidos para o país por outras empresas operam como distribuidoras autorizadas de determinados fabricantes.

De acordo as ideias de Rosenbloom (2002), fabricantes ou produtores consistem em empresas envolvidas na extração, cultivo ou criação de produtos, além do fornecimento de serviços. O leque de empresas de produção e fabricação é muito grande, tanto em termos da diversidade de bens e serviços produzidos quanto de porte.

Nesse sentido, estão inclusas empresas que fabricam desde alfinetes e canetas de consumo de massa até fabricantes de automóveis e aviões. Também estão inclusas grandes corporações transnacionais, com milhares de empregados e bilhões de dólares de faturamento anual, e pequenas ou médias empresas, além de empreendedores individuais. Uma avaliação rápida da classificação de atividades econômicas (Cnae), elaborada pelo IBGE, permite a identificação da grande variedade de fabricantes existentes na economia brasileira.

CORPORAÇÕES TRANSNACIONAIS

Grandes empresas com filiais ou unidades espalhadas pelo mundo.

COMENTÁRIO

Um denominador comum une estas empresas, ainda que possam ser tão diferentes umas em relação às outras: todas existem para oferecer produtos que satisfaçam a necessidade de mercados.

Geralmente não é possível – ou não é estrategicamente interessante – que os fabricantes ou produtores consigam atingir seus clientes finais por meios próprios – canais diretos de marketing. Isso se aplica não somente a pequenos fabricantes, mas também às grandes corporações mundiais, tais como Unilever, VW, Danone e Semp Toshiba. Portanto, os fabricantes necessitam buscar membros de canais que possam auxiliar nesse processo, como intermediários.

Os varejistas e atacadistas são dois dos mais básicos intermediários existentes.

EM RESUMO

Fabricantes são empresas engajadas em produzir. O leque de produção é muito amplo, em função da diversidade que há no universo de bens e serviços. O importante é que o fabricante, independentemente de seu porte, satisfaça as necessidades do mercado, através de intermediários.

Intermediários de atacado

Definições

Atacadistas são empresas engajadas na venda de produtos para revenda ou uso industrial.

De acordo com Kotler (2000), o *atacado* inclui todas as atividades relacionadas com a venda de bens ou serviços para aqueles que compram para revenda ou uso comercial. Por esse aspecto, o atacado exclui os fabricantes e os varejistas. Para Rosenbloom (2002), os atacadistas são empresas engajadas na venda de produtos para revenda ou uso industrial. Seus clientes são empresas varejistas, industriais, comerciais, institucionais, profissionais, agrícolas, além de outros atacadistas. Finalmente, devem ser consideradas, ainda, as empresas que operam como agentes ou corretores na compra e venda de produtos.

Em alguns setores, os atacadistas são também denominados distribuidores, em particular quando possuem algum direito exclusivo de distribuição. O setor de atacado é muito importante em qualquer economia, embora grande parte dos consumidores não tenha a menor ideia a este respeito.

> **COMENTÁRIO**
>
> No Brasil, por exemplo, segundo a Associação Brasileira de Atacadistas e Distribuidores de Produtos Industrializados (Abad), o faturamento das empresas do setor passou de R$ 131,8 bilhões em 2009.

Criação de valor

De acordo com Churchill Jr. e Peter (2000), os atacadistas atuam na criação de valor para fornecedores e compradores ao realizar operações de distribuição. Eles podem, por exemplo, transportar e armazenar bens, exibi-los em feiras comerciais ou informar aos gerentes de lojas quais produtos estão com vendas maiores.

GILBERT A. CHURCHILL JR.

DBA (*doctor of business administration*) pela Indiana University em 1966. Foi nomeado *distinguished marketing educator* pela Associação Americana de Marketing, sendo o segundo a receber essa honra. Além desse título, coleciona inúmeros outros, como o prêmio pela obra em vida da Academy of Marketing (1993) e o prêmio Paul D. Converse (1996).

Autor de inúmeros artigos publicados em importantes periódicos especializados em marketing. Autor e coautor de livros como *Marketing: creating value for customers* e *Marketing research: methodological foundations*.

J. PAUL PETER

Professor de marketing na Universidade de Wisconsin-Madison desde 1981. Recebeu inúmeros prêmios por sua excelência no ensino.

Autor de artigos premiados, publicados nos mais importantes periódicos especializados em marketing. É também autor de mais de 30 livros, entre os quais *A preface to marketing management* e *Marketing management: knowledge and skills*.

Membro do conselho revisor de vários periódicos – *Journal of Marketing* e *Journal of Marketing Research*, entre outros –, além de ser editor de publicações da Associação Americana de Marketing.

CRIAÇÃO DE VALOR

Concentração de esforços necessários para incrementar o produto oferecido, visando aumentar seu valor de mercado.

Cadeias de varejo costumam trabalhar com atacadistas, pois eles disponibilizam bens de vários produtores. Assim, é possível reduzir tempo e esforço do varejista na aquisição de bens que ele irá revender posteriormente – ver figuras 2 e 3 do capítulo 1 para relembrar este ponto. Por sua vez, os fabricantes usam atacadistas com a finalidade de atingir mais facilmente grandes mercados.

Diante desse contexto, pode-se dizer que os atacadistas são capazes de criar valor quando lidam com as funções de distribuição para outros membros do canal.

Como se pode ver no quadro 1, os atacadistas criam valor, por exemplo, ao baixarem custos de outros membros do canal, ao realizarem, de forma mais eficiente, atividades como transportar bens fisicamente para uma localização adequada, assumir o risco de administrar grandes estoques e operar durante o horário mais conveniente para seus compradores organizacionais. Tais benefícios podem ser traduzidos em preços mais baixos para os clientes finais de um fabricante.

QUADRO 1: CRIAÇÃO DE VALOR DOS ATACADISTAS PARA FABRICANTES, VAREJISTAS E CLIENTES FINAIS

Para os fabricantes	Para os varejistas	Para os clientes finais
Maior capacidade de atingir os compradores	Mais informações sobre setores e produtos	Redução de custos ao contribuir com experiência e eficiência para o canal
Mais informações sobre os compradores	Redução de custos, de tempo e de esforço pelo oferecimento de variedade de bens	Melhora da seleção de produtos, ao informar aos varejistas sobre os produtos mais adequados ao mercado
Redução de custos em função de maior eficiência ou conhecimento	Redução de custos em função de maior eficiência ou conhecimento	
Redução de perdas potenciais ao assumir riscos do negócio		

Fonte: Adaptado de Churchill Jr. e Peter (2000).

COMENTÁRIO

A experiência do atacadista pode não somente economizar dinheiro, mas também ajudar a desenvolver maneiras novas e inovadoras de distribuir produtos. Na Europa, os chamados centros de distribuição inteligentes servem a clientes empresariais, de modo a oferecerem montagem ou personalização de produtos, testes e consertos.

EM RESUMO

As cadeias de varejo são pontos de interação entre fabricantes, atacadistas e varejistas. A criação de valor é um ponto diferencial na relação entre os produtores e os clientes. Os atacadistas podem contribuir, com sua experiência de mercado, para o ajuste de produtos junto aos fabricantes.

Tipos de atacadistas

Existem diversos tipos de atacadistas. Rosenbloom fornece a descrição legal elaborada pelo Departamento de Comércio dos Estados Unidos. Segundo essa classificação, os atacadistas são divididos em três grupos.

O primeiro deles diz respeito aos *atacadistas tradicionais*. São as empresas que, basicamente, se dedicam a comprar, assumir a propriedade, armazenar e manusear produtos em quantidades relativamente significativas para, posteriormente, revendê-las em quantidades menores para varejistas, empresas industriais ou comerciais, instituições e outros atacadistas.

Relacionados a seguir alguns exemplos deste tipo de atacadista:

- atravessador;
- distribuidor;
- distribuidor industrial;
- intermediário;
- importador.

O segundo grupo diz respeito aos *agentes, corretores e representantes comissionados*. Estes atores são intermediários independentes que, na maioria das transações em que estão envolvidos, não assumem direitos sobre os produtos que negociam, mas que estão ativamente envolvidos em tarefas de negociação – compra e venda – na qualidade de representantes de seus clientes. São usualmente remunerados com comissões sobre as compras ou vendas.

Relacionados a seguir alguns exemplos deste tipo de atacadista:

- agentes de fabricantes;
- representantes comissionados;
- corretores;
- agentes de vendas;
- agentes de importação e exportação.

Finalmente, o terceiro grupo é relacionado com as *filiais* e *escritórios de vendas dos fabricantes*. Eles pertencem aos fabricantes e são por eles operados, muito embora estejam separados fisicamente da instalação fabril.

COMENTÁRIO

As filiais e os escritórios de venda são empregados principalmente com a finalidade de distribuir aos atacadistas os produtos próprios do fabricante. Alguns possuem instalações de armazenagem nas quais são mantidos os estoques, enquanto outros são meros escritórios de vendas.

Tarefas de distribuição dos atacadistas tradicionais aos fabricantes

Os atacadistas tradicionais atendem tanto aos fabricantes quanto aos varejistas e outros clientes, como mencionado por Rosenbloom (2002:55). Eles vêm sobrevivendo como intermediários porque, como especialistas nas tarefas de distribuição, são capazes de operar em níveis elevados de eficiência e eficácia. Segundo o autor, atacadistas modernos e bem-geridos são especialmente adequados para realizar as seguintes funções de distribuição para seus fabricantes:

- fornecimento de cobertura de mercado;
- realização de contatos de vendas;
- manutenção de estoques;
- processamento de pedidos;
- coleta de informações de mercado;
- oferecimento de suporte ao cliente.

Os atacadistas tradicionais fornecem *cobertura de mercado* porque os mercados para os produtos da maioria dos fabricantes consistem em muitos clientes espalhados por imensas áreas geográficas. Por isso, com o objetivo de atender a seus clientes na hora certa e com a quantidade certa, sem custos onerosos, os fabricantes dependem da atuação destes atacadistas.

EFICIÊNCIA
Ação de boa qualidade, praticada corretamente, sem erros e orientada para a tarefa. Em outras palavras, diz respeito aos meios de se fazer bem certos processos, fazer certo um processo qualquer.

EFICÁCIA
Conceito relacionado à ideia de fazer as coisas de forma correta, atingindo resultados. Diz respeito aos objetivos propostos, ou seja, à relação entre os resultados propostos e os atingidos. Muito ligada à ideia de eficiência, que diz respeito a fazer as coisas da melhor maneira possível, fazer bem-feito. Eficiência é cavar um poço artesiano com perfeição técnica; já eficácia é encontrar a água.

COBERTURA DE MERCADO
Capacidade de alcançar os clientes de uma empresa em determinado território.

> **COMENTÁRIO**
>
> Situações como esta são muito comuns, por exemplo, em alguns bairros afastados de grandes cidades brasileiras, no setor de bebidas. Nesses casos, a força de vendas de uma empresa pode optar por concentrar suas atividades para os chamados distribuidores. Estes, por sua vez, irão revender as mercadorias para os pequenos varejistas locais.

O *contato de vendas* é outro valioso serviço realizado pelos atacadistas tradicionais. Como já foi visto, os custos e esforços para a manutenção de uma equipe própria de vendas podem ser proibitivos ou não desejáveis do ponto de vista da estratégia de um fabricante. Logo, usar os atacadistas para atingir uma maior base de clientes a custos menores torna-se uma solução importante e prática.

> **COMENTÁRIO**
>
> Este tipo de utilidade dos atacadistas tradicionais é bastante comum no caso da entrada em novos mercados estrangeiros por parte de uma empresa. Nesses casos, o atacadista tem infraestrutura já instalada, conhece o mercado local e possui os contatos essenciais para o entrante. Assim, ele é capaz de proporcionar níveis de venda rapidamente, além de poupar a empresa dos investimentos necessários para iniciar uma nova operação.

A *manutenção de estoques* é outra atividade fundamental desempenhada pelos atacadistas tradicionais, em função de assumirem os direitos sobre os produtos, bem como seus riscos. Adicionalmente, com o emprego de atacadistas tradicionais, os fabricantes são capazes de elaborar planejamentos de produção mais precisos, além de terem à disposição altos estoques armazenados em terceiros e garantia de atendimento dos níveis de serviço em padrões elevados.

> **COMENTÁRIO**
>
> Um exemplo disso é a Fort Howard Corporation, que usa um atacadista para executar a tarefa de manter estoques. Os termos acordados são vantajosos para a empresa, pois garantem disponibilidade e entrega rápida aos seus clientes, além de rápido escoamento de sua produção sem necessidade de armazenagem.

Grandes ou pequenos, de forma geral os fabricantes não são especializados em atender diversos pedidos diferentes de clientes de seus produtos. No entanto, por força de suas especializações, os atacadistas são extremamente eficientes no *processamento de pedidos*. Pelo fato de trabalhar com vários fabricantes, o atacadista tem seus custos de processamento diluídos pela venda de uma gama maior de produtos.

> **COMENTÁRIO**
>
> Um bom exemplo de atacadista é a McKesson Corporation, maior atacadista de produtos farmacêuticos do mundo. Essa empresa sempre fez processamento de pedidos para seu grande rol de clientes – redes de drogarias, farmácias e hospitais, por exemplo – através de centros de distribuição com elevado nível de sofisticação operacional e tecnológica.

A tarefa de *reunir informações de mercado* é outro grande trunfo dos atacadistas. Estas empresas, geralmente, estão bastante próximas dos clientes e conhecem bem suas necessidades de produtos e de serviços. Tais informações, repassadas aos fabricantes, são valiosas no planejamento de produtos, na precificação e no desenvolvimento de uma estratégia de marketing competitiva dos fabricantes.

> **COMENTÁRIO**
>
> Alguns atacadistas já empregam a internet com essa finalidade nos Estados Unidos. No setor de vendas de software e hardware para computadores, por exemplo, meia dúzia de atacadistas fornece informações sobre mais de 150 mil produtos de mais de 800 fabricantes.

O *suporte ao cliente* é a tarefa final de distribuição dos atacadistas tradicionais para os fabricantes, uma vez que produtos podem precisar ser trocados ou pode haver a necessidade de prestação de assistência técnica. Isso pode ser extremamente oneroso para um fabricante realizar diretamente, por se tratar de muitos clientes. Em vez disso, os fabricantes podem fazer uso dos atacadistas para auxiliá-los a fornecer serviços aos clientes. Esse suporte adicional dos atacadistas é comumente denominado de *serviços de valor agregado*, o que representa um papel fundamental ao tornar os atacadistas membros vitais para o canal de distribuição, tanto do ponto de vista do fabricante como para o cliente final.

> **COMENTÁRIO**
>
> Um bom exemplo disso é o da F. F. Despard, atacadista do setor de ferramentas para o ramo de marcenaria e metalurgia. Essa empresa não emprega meros vendedores; seus profissionais de vendas são especialistas em abrasão, qualificados, portanto, para proporcionar assistência técnica aos clientes.

> **EM RESUMO**
>
> Os atacadistas tradicionais fornecem aos fabricantes cobertura de mercado e, além disso, podem fornecer também o serviço de contato de vendas. Com o alto poder de estocagem que possuem, os atacadistas propiciam aos fabricantes a possibilidade de elaborar planejamentos de produção mais precisos. O atacadista pode, ainda, processar pedidos, reunir informações de mercado e oferecer suporte ao cliente.

Tarefas de distribuição dos atacadistas tradicionais aos clientes

Os atacadistas podem realizar tarefas de distribuição aos fabricantes, além das seis tarefas executadas pelos atacadistas tradicionais, de acordo com Rosenbloom (2002:58):

- garantir a disponibilidade de produtos;
- fornecer serviços aos clientes;
- estender crédito e auxílio financeiro;
- oferecer conveniência de sortimento;
- fragmentar volumes;
- ajudar os clientes com aconselhamento e suporte técnicos.

A *disponibilidade de produtos* é a mais básica das funções do atacadista em relação aos clientes. Devido à sua proximidade com os clientes – e consequente conhecimento detalhado dos mesmos –, os atacadistas podem proporcionar elevados graus de disponibilidade aos produtos – níveis de estoque e entregas –, o que a maioria dos fabricantes não é capaz de fazer.

> **COMENTÁRIO**
>
> Um bom exemplo que prova como pode ser importante o papel de um atacadista foi apurado na Flórida/EUA. Lá, a RCA resolveu dispensar seu atacadista local, isto é, cortou o intermediário, passando a vender diretamente aos varejistas. Os resultados disso foram a ruptura de estoques nos pontos de venda (falta de produto), aumento de dois para 30 dias nos prazos de entrega e, finalmente, a necessidade de os varejistas passarem a adquirir grandes lotes a fim de lidar com os atrasos, aumentando seus custos de estocagem.

Outra valiosa tarefa desempenhada pelos atacadistas tradicionais diz respeito ao *serviço ao cliente*. Os atacadistas proporcionam capilaridade aos fabricantes e capacidade de atendimento por oferecerem diversos serviços pós-venda, como reparos e trocas, por exemplo.

> **COMENTÁRIO**
>
> Um bom exemplo é o da Alco Standard, nos Estados Unidos. Esse atacadista de papel e material de escritório fornece serviços de reparos às copiadoras da Canon e Sharp.

Os atacadistas fornecem *crédito* e *auxílio financeiro* de duas maneiras. Primeiramente, ao vender a prazo, de modo a permitir que os clientes usem os produtos antes do pagamento, a fim de melhorar seus fluxos de caixa. Em segundo lugar, ao estocarem os produtos dos fabricantes, isentam os clientes dos custos envolvidos nesse processo.

A *conveniência do sortimento* diz respeito à habilidade dos atacadistas de reunir uma vasta gama de produtos diversos e de diferentes fornecedores, simplificando as tarefas de compras dos clientes. Assim, em vez de um cliente entrar em contato com diversos fabricantes, ele precisa simplesmente recorrer a um único atacadista para realizar suas compras.

> **COMENTÁRIO**
>
> Novamente, um exemplo nesse sentido é o da Alco Standard. Como esta empresa faz milhares de pedidos diariamente para vários produtos e fabricantes, seus clientes são poupados desses esforços ao contatar somente a Alco.

Outra importante tarefa é a *fragmentação de volumes*. Como os fabricantes, muitas vezes, só vendem em grandes quantidades, os pequenos clientes finais não poderiam adquirir seus produtos. O atacadista, porém, pode comprar essas grandes quantidades e revendê-las em pequenos lotes fragmentados aos clientes finais na *quantidade certa*.

> **COMENTÁRIO**
>
> Uma vez mais a Alco Standard pode ser citada como exemplo. Esse atacadista compra grandes quantidades de material de escritório e as revende posteriormente para os clientes finais de acordo com as necessidades destes.

Finalmente, os atacadistas atendem aos clientes com *aconselhamento* e *suporte técnico*. Muitos produtos podem requerer algum suporte técnico para serem usados de maneira adequada, além de aconselhamento sobre o processo de venda. Alguns atacadistas atuam a fim de ajudar seus clientes.

> **COMENTÁRIO**
>
> Um bom exemplo disso é a Ace Hardware Corporation, que fornece aconselhamento e suporte técnico aos seus clientes – pequenos varejistas de equipamentos – na forma de planejamentos de estoques, publicidade, layout de lojas etc.

> **EM RESUMO**
>
> Os atacadistas tradicionais desempenham algumas tarefas de distribuição para seus clientes. No entanto, outras também podem ser executadas. Entre elas estão garantia de disponibilidade de produtos, os serviços aos clientes, o crédito e o auxílio financeiro, a conveniência do sortimento, a fragmentação de volumes, o aconselhamento e suporte técnico.

Tarefas de distribuição dos agentes atacadistas

Os agentes atacadistas são representantes de venda que executam tarefas distribuição. Segundo Rosenbloom (2002), os agentes atacadistas – agentes, corretores e representantes comissionados – não adquirem direitos sobre os produtos que revendem e não executam tarefas de distribuição como os atacadistas tradicionais.

Os *agentes dos fabricantes* são especializados em executar para este últimos as tarefas de distribuição, de cobertura de mercado e de contato de vendas. Na realidade, estes agentes exercem um papel fundamental para aqueles fabricantes que não podem – ou não desejam – desenvolver uma força própria de vendas.

> **COMENTÁRIO**
>
> Os agentes podem também atuar de maneira complementar, uma vez que podem trabalhar em regiões geográficas distantes ou para certas categorias de clientes/produtos. Assim, usualmente representam inúmeros fabricantes diferentes, de modo a operarem com uma ampla gama de produtos, como tintas, utilidades domésticas, bebidas, componentes eletrônicos etc.

Já o *agente de vendas* costuma executar mais tarefas de distribuição do que o agente dos fabricantes. Na realidade, essas empresas podem ser responsáveis por todos os esforços de vendas e marketing de determinado fabricante.

> **COMENTÁRIO**
>
> Mesmo que os agentes de vendas não mantenham estoques físicos ou não possuam direitos de propriedade, podem realizar tarefas, tais como cobertura de mercado, contato de vendas, processamento de pedidos, coleta de informações, disponibilização de produtos e serviços aos clientes.

Os *corretores*, segundo a literatura de marketing dominante, conforme salientado por Rosenbloom (2002), são o intermediário que aproximam as partes – compradores e vendedores – de uma transação comercial. Porém, na prática, assim como os agentes, eles também podem desempenhar diversas tarefas de distribuição, tais como fornecimento de informações mercadológicas, cobertura de mercado, contatos de vendas, processamento de pedidos, suporte e disponibilização de produtos.

Os *representantes comissionados* executam várias tarefas de distribuição, como manutenção de estoques, cobertura de mercado, fragmentação, contato de vendas e processamento de pedidos. Essa atuação se dá no processo de representação da empresa em favor do fabricante.

> **COMENTÁRIO**
>
> Na prática, o representante recebe e estoca mercadorias, prospecta o mercado, vende, estende crédito financeiro, processa pedidos e organiza as entregas. Depois de realizada a transação comercial e recebido o pagamento, o representante remete o dinheiro ao fabricante, mediante a retirada de sua comissão.

Tendências de mercado

Pode-se entender como tendência de mercado fatores como inovação e adequação que muitos atacadistas têm buscado para atender as necessidades de seus clientes.

Para um fabricante sempre existe a opção de abandonar um atacadista ou substituir os que forem ineficientes por outros melhores. De maneira geral, segundo Kotler (2000), os fabricantes apresentam as seguintes reclamações em relação aos atacadistas:

- não promovem de forma agressiva a linha de produtos do fabricante, de modo que passam a agir muito mais como tiradores de pedidos;
- não mantêm estoques em níveis suficientes, o que acarreta, eventualmente, perdas de vendas e insatisfação de clientes;
- não fornecem feedback ao fabricante sobre os clientes e concorrentes;
- não são capazes de atrair gerentes de alto nível e não reduzem seus próprios custos;
- cobram caro por seus serviços.

Diante de algumas reclamações, como as que foram citadas, e de mudanças ocorridas nos mercados nos últimos tempos, os atacadistas dispostos a sobreviver têm procurado inovar e se adaptar aos novos tempos. Diversos atacadistas têm buscado adaptar seus serviços para atender às necessidades de seus clientes-alvo e fornecedores, além de reconhecerem que precisavam agregar valor ao canal. Adicionalmente, essas empresas também começaram a reduzir seus custos operacionais e passaram a investir em tecnologias de manuseio de materiais e em sistemas de informações mais avançados, tais como os códigos de barras e o RFID, já examinados no capítulo 1.

Assim, em entrevistas realizadas com atacadistas, citadas em Kotler (2000:557), foram identificadas quatro maneiras de distribuidores industriais líderes reforçarem o relacionamento com os fabricantes:

- acordo claro com seus fabricantes, no que diz respeito às funções que se esperam deles no canal de distribuição;
- capacidade de identificar as exigências dos fabricantes, a partir da visitação de suas unidades fabris e da participação em encontros institucionais das associações de fabricantes;
- cumprimento de seus compromissos com os fabricantes, de modo a atingir as metas de volume, pagar contas no prazo e repassar informações mercadológicas aos fabricantes;
- identificação e oferecimento de serviços com valor agregado, a fim de ajudar seus fabricantes.

> **CLIENTES-ALVO**
>
> Objeto de interesse direto de uma campanha de marketing voltada para a promoção de um produto ou de um serviço. Diferentemente de público-alvo, o consumidor-alvo é aquele ao qual a mensagem deve ser direcionada, com a finalidade de despertar seu interesse de compra ou de consumo.

COMENTÁRIO

O mercado, na atualidade, apresenta grandes desafios aos atacadistas. De acordo com Kotler (2000), o setor permanece vulnerável a uma forte resistência a aumento de preços e à seleção de fornecedores com base no custo e na qualidade. Além disso, a tendência em direção à integração vertical, em que os fabricantes buscam controlar ou serem donos de seus intermediários, ainda é considerável.

Decisões estratégicas

As decisões estratégicas são aquelas que definem os princípios que a empresa deverá seguir para atender adequadamente aos seus clientes.

As mudanças de mercado têm forçado a capacidade de adaptação dos atacadistas aos novos tempos. Algumas decisões estratégicas de marketing comuns a essas empresas se fazem presente. Kotler (2000) resume estas decisões em *mercado-alvo, sortimento de produtos e serviços, precificação, promoção* e *localização*.

Com relação ao *mercado-alvo*, os atacadistas precisam definir com precisão quem são seus clientes. Isso passa por identificar os clientes pelo porte – grandes varejistas, por exemplo –, pelo tipo de cliente – redes de drogarias, por exemplo –, por necessidade de serviços – clientes que necessitam de serviços de assistência pós-venda – ou outros critérios estratégicos.

No que diz respeito ao *sortimento de produtos e serviços*, os atacadistas devem compreender que seu produto é o próprio sortimento. Em um verdadeiro processo de decisão de marketing, essas empresas precisam definir seu exato mix de produtos, pois a natureza de seu negócio demanda linhas completas de bens e altos níveis de estoque. Tais elementos, contudo, podem solapar as margens de lucro das empresas.

COMENTÁRIO

Definir o mix significa, por exemplo, selecionar as linhas de produtos mais lucrativas e eliminar as demais que não são vantajosas para o negócio, do ponto de vista estratégico ou financeiro.

Dependendo do setor de atuação dos atacadistas, as margens de lucro têm se tornado cada vez mais rarefeitas. Nesse sentido, essas empresas têm feito inovações na forma de *precificar* seus serviços, como a redução da margem em algumas linhas, a fim de conquistar novos clientes, ou negociar descontos especiais, com a finalidade de aumentar as vendas de um fornecedor.

Em termos de *promoção*, os atacadistas devem iniciar um processo de construção de imagem e de marca semelhante ao empreendido pelos varejistas. Assim, é importante desenvolver uma estratégia de promoção envolvendo propaganda, promoção de vendas e publicidade, além de usufruir de maneira mais adequada dos materiais e programas de promoção dos clientes.

Finalmente, em relação à *localização*, é praxe no setor a instalação em regiões de baixos impostos e aluguéis, bem como poucos investimentos em automação de processamento de pedidos. Contudo, uma estratégia fundamental no contexto atual é o investimento em tecnologia, constituindo depósitos automatizados e sistemas de coleta de informações.

Intermediários de varejo

Definições

De acordo com Kotler (2000), o *varejo* inclui todas as atividades relacionadas à venda de produtos ou serviços diretamente aos consumidores finais, para uso pessoal e não comercial.

> **CONCEITO-CHAVE**
>
> Um *varejista* é qualquer estabelecimento comercial cuja receita é proveniente, principalmente, da venda de pequenas quantidades, isto é, de vendas fragmentadas.

Qualquer empresa que venda para consumidores finais – pessoas físicas, fabricantes, atacadistas ou outros varejistas – está fazendo varejo. Seja por um canal direto ou indireto, esse tipo de processo sempre é considerado varejo.

Exemplos de grandes varejistas no Brasil:

- lojas de departamento – *Lojas Americanas*;
- supermercados e hipermercados – *Grupo Pão de Açúcar*;
- livros, DVDs e CDs – *Livrarias Saraiva*;
- eletrônicos e eletrodomésticos – *Fast Shop*;
- compras pela internet – *Submarino*;
- vestuário – *C&A*.

Como se vê, é muito grande a variedade de setores da economia onde as varejistas podem atuar.

Formas de classificação do varejo

O varejo com loja pode ser classificado de diversas maneiras, conforme apontado por Bernardino (2008). No decorrer deste texto, serão abordadas as seguintes formas de classificação do varejo:

- tipo de mercadoria comercializada;
- nível de variedade e sortimento;
- preços praticados;
- nível de serviço.

A classificação do varejo pelo *tipo de mercadoria* é a mais simples existente. Os Estados Unidos possuem uma classificação oficial para as diferentes espécies de varejistas, composta de oito categorias.

> **COMENTÁRIO**
>
> No Brasil, o setor de varejo está presente na Classificação Nacional de Atividades Econômicas (Cnae). O quadro 2 apresenta a classificação oficial brasileira do varejo com base no tipo de mercadoria vendida.

A classificação pelo *nível de variedade e pelo sortimento* diz respeito, respectivamente, à amplitude e à profundidade dos itens comercializados pelo varejista.

> **COMENTÁRIO**
>
> Uma grande loja especializada em brinquedos pode ter um sortimento profundo – muitos itens diferentes de brinquedos –, mas uma variedade pequena – trabalhar somente com brinquedos. Um supermercado é o caso oposto, pois sua variedade é muito grande – diversos itens diferentes, tais como bebidas, itens de bazar, alimentos, produtos de limpeza etc. –, mas seu sortimento não é profundo, porque suas linhas de produto não apresentam tantas unidades diferentes.

QUADRO 2: CLASSIFICAÇÃO OFICIAL BRASILEIRA DO VAREJO PELO TIPO DE MERCADORIA VENDIDA

Descrição
Comércio varejista de mercadorias em geral, com predominância de produtos alimentícios – hipermercados e supermercados.
Comércio varejista de mercadorias em geral, com predominância de produtos alimentícios – minimercados, mercearias e armazéns.
Comércio varejista de mercadorias em geral, sem predominância de produtos alimentícios.
Comércio varejista de produtos de padaria, laticínio, doces, balas e semelhantes.
Comércio varejista de carnes e pescados – açougues e peixarias.
Comércio varejista de bebidas.
Comércio varejista de hortifrutigranjeiros.
Comércio varejista de produtos alimentícios em geral ou especializado em produtos alimentícios não especificados anteriormente; produtos do fumo.
Comércio varejista de combustíveis para veículos automotores.
Comércio varejista de lubrificantes.

Descrição
Comércio varejista de tintas e materiais para pintura.
Comércio varejista de material elétrico
Comércio varejista de vidros.
Comércio varejista de ferragens, madeira e materiais de construção.
Comércio varejista especializado de equipamentos e suprimentos de informática.
Comércio varejista especializado de equipamentos de telefonia e comunicação.
Comércio varejista especializado de eletrodomésticos e equipamentos de áudio e vídeo.
Comércio varejista especializado de móveis, colchoaria e artigos de iluminação.
Comércio varejista especializado de tecidos e artigos de cama, mesa e banho.
Comércio varejista especializado de instrumentos musicais e acessórios.
Comércio varejista especializado de peças e acessórios para aparelhos eletroeletrônicos para uso doméstico, exceto informática e comunicação.
Comércio varejista de artigos de uso doméstico não especificados anteriormente.
Comércio varejista de livros, jornais, revistas e papelaria.
Comércio varejista de discos, CDs, DVDs e fitas.
Comércio varejista de artigos recreativos e esportivos.
Comércio varejista de produtos farmacêuticos para uso humano e veterinário.
Comércio varejista de cosméticos, produtos de perfumaria e de higiene pessoal.
Comércio varejista de artigos médicos e ortopédicos.
Comércio varejista de artigos de óptica.
Comércio varejista de artigos do vestuário e acessórios.
Comércio varejista de calçados e artigos de viagem.
Comércio varejista de joias e relógios.
Comércio varejista de gás liquefeito de petróleo (GLP).
Comércio varejista de artigos usados.
Comércio ambulante e outros tipos de comércio varejista.

Fonte: CNAE 2.0, elaborada pelo IBGE.

A classificação do varejo pelos *preços praticados* é uma função do posicionamento estratégico definido pela empresa. Um varejista pode optar por atuar com pequenas margens de lucro, mas compensar isso com altos volumes de vendas, tendo como público-alvo as classes C, D e E.

> **COMENTÁRIO**
>
> Nos supermercados, um bom exemplo, em nível mundial, é o WalMart. Por outro lado, um varejista pode optar por operar com baixos volumes, mas de modo a trabalhar com margens elevadas e a agregar serviços. Para efeito de comparação com o exemplo anterior, a rede carioca Zonal Sul atua de forma oposta ao WalMart, porque trabalha com margens maiores e agrega serviços de atendimento especializados em setores de suas lojas, como vinhos, por exemplo.

Finalmente, outra classificação importante dos varejistas diz respeito ao *nível de serviço* prestado por essas empresas aos seus clientes. Kotler (2000:540) identifica quatro classificações distintas para os varejistas em termos de nível de serviço:

- autosserviço – é a base das operações varejistas. Nesse modelo, os clientes são responsáveis pela busca de produtos e comparação de preços. O foco, com a finalidade de reduzir custos, não é o serviço prestado, mas o preço das mercadorias vendidas. É muito comum no setor de supermercados populares (Mundial, por exemplo e em lojas de departamento populares (Casa & Vídeo);
- seleção – os clientes procuram seus produtos, mas podem pedir ajuda a funcionários do varejista;
- serviço limitado – são colocados em exposição mais produtos e os clientes precisam de mais informações e auxílio por parte de funcionários do varejista. Além disso, as lojas também oferecem serviços, como crédito e privilégios de devolução de mercadorias. Um bom exemplo desta espécie de varejista é o Fast Shop, que vende produtos eletrônicos e eletrodomésticos com vendedores treinados para fornecer informações sobre os produtos, além da possibilidade de financiamento para os compradores;
- serviço completo – os vendedores são treinados para ajudar em todas as fases do processo de procurar, comparar e selecionar seus produtos para compra. Contudo, os custos elevados com pessoal, em conjunto com o maior número de produtos especializados e itens de menor movimentação, além dos muitos serviços, resulta em um varejo de alto custo. Um bom exemplo são as lojas de móveis modulados, nas quais os vendedores são, normalmente, arquitetos ou decoradores de interior, que elaboram todo o projeto em software específico, junto com o cliente, dos móveis que serão vendidos.

EM RESUMO

Existem diferentes formas de classificação de varejo e a mais simples delas é a que ocorre pelo tipo de mercadoria. As demais são a variedade de sortimento de produtos, os preços praticados e o nível de serviços.

Varejo com loja

CONCEITO-CHAVE

O varejo com loja é a categoria que necessita da presença do cliente final na instalação física, a loja.

De maneira geral, o *varejo com loja* está associado ao varejo de alimentos e ao varejo de mercadorias em geral. Cada uma dessas duas categorias possui diversas subdivisões. Porém, o que todas elas têm em comum é, como indica o próprio nome da categoria, a existência de uma instalação física – loja –, de modo que os consumidores finais possam se dirigir até elas a fim de realizarem suas compras. O varejo com loja pode ser dividido em:

- lojas de conveniência;
- supermercados convencionais;
- superlojas e hipermercados;
- lojas de departamentos;
- lojas de descontos;
- lojas *off-price*;
- especialistas de categoria.

As *lojas de conveniência* oferecem alimentos e artigos de conveniência, normalmente para consumo imediato, em locais de fácil acesso e visibilidade, perto de áreas residenciais, em horários prolongados de funcionamento e com altas margens de lucro. Sua variedade de itens é limitada, pois costumam trabalhar somente com produtos de lanchonete, bebidas, cigarros e publicações (jornais e revistas).

> **COMENTÁRIO**
>
> A lojas de conveniência estão geralmente instaladas em postos de gasolina. Como exemplos, no Brasil podem ser citadas a Select, da Shell, a AM/PM, da Ipiranga, e a BR Mania, da BR Distribuidora.

Os *supermercados convencionais* são mercados de porte médio que vendem itens alimentares, de limpeza, higiene pessoal e bebidas. Em média, comercializam 2.500 itens (SKUs) diferentes por loja.

> **COMENTÁRIO**
>
> Normalmente, o foco desses estabelecimentos é em atendimento ou variedade, além do grau de sofisticação da loja. Uma rede pode possuir lojas com características diferentes.

As *superlojas* e os *hipermercados* são supermercados de maior porte do que os convencionais, operando com, aproximadamente, 14 mil SKUs. A principal diferença entre eles está no mix de produtos. Os hipermercados também comercializam eletrônicos e eletrodomésticos, além de produtos da linha têxtil. Um exemplo de hipermercado no Brasil é a bandeira Extra, do Grupo Pão de Açúcar.

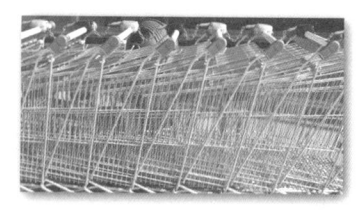

As *lojas de departamentos* são divididas em lojas de *linha completa* e lojas de *linha limitada*. As lojas de *linha completa* operam com grande variedade de produtos, alto grau de sortimento e bom nível de serviço aos clientes. Como indica o nome, as lojas são estruturadas em departamentos – vestuário, mobília, utensílios domésticos etc. Exemplos são as antigas Mesbla e Mappin.

> **COMENTÁRIO**
>
> No Brasil, este tipo de estabelecimento está em desuso, pois as características do país não favorecem este tipo de varejo diante da concorrência com os hipermercados.

As lojas de *linha limitada* reúnem uma menor quantidade de departamentos e seu posicionamento é voltado para as classes de média e baixa renda. Um bom exemplo é a Renner, que, em 2002, desfez-se de seus departamentos de utilidades do lar e passou a se concentrar exclusivamente em moda.

As *lojas de desconto* vendem mercadorias padrão com preços baixos e utilizam margens de lucros menores, altos volumes e serviço limitado. Um bom exemplo deste tipo de loja é o WalMart. De maneira geral, as lojas de desconto têm migrado para nichos específicos de mercado, tornando-se *especialistas de categoria*. Esses varejistas possuem pequena variedade, sortimento profundo, baixo nível de serviços e baixo nível de preços, como a livraria Saraiva.

> **COMENTÁRIO**
>
> A força desse formato é tão grande que, muitas vezes, as lojas de departamentos na mesma região que uma especialista de categoria só conseguem sobreviver à competição caso ofereçam alguma linha de mercadoria exclusiva, serviços diferenciados ou tenham localização privilegiada.

Finalmente, as *lojas off-price* são, geralmente, lojas de roupas, calçados e acessórios que vendem produtos de marca com sua etiqueta original. Os preços são bem inferiores aos praticados pelos outros formatos do varejo em virtude de os produtos comercializados serem oriundos de pontas de estoque ou linhas fora de temporada.

No quadro 3, é possível encontrar uma visão resumida, através do cruzamento das formas de classificação do varejo com seus formatos possíveis para o modelo de varejo com loja.

QUADRO 3: FORMATOS DE VAREJO COM LOJA X CLASSIFICAÇÕES

Formato de varejo	Variedade	Sortimento	Nível de serviço	Preço praticado	Exemplos
Supermercados	Alta	Médio	Pouco	Baixo	Pão de Açúcar
Hipermercados	Ampla	Médio	Pouco	Baixo	Carrefour e Extra
Lojas de departamentos de linha completa	Ampla	Profundo para médio	Médio para alto	Médio para alto	Mappin e JCPenney
Lojas de departamentos de linha limitada	Média	Profundo para médio	Médio para baixo	Médio para baixo	Renner, Riachuelo, Pernambucanas
Lojas de desconto	Ampla	Médio para baixo	Pouco	Baixo	Lojas Americanas, Casa & Video
Especialistas de categoria	Pequena	Muito profundo	Pouco	Baixo	Toys "R" Us, CompUSA
Lojas *off-price*	Média	Profundo, mas variante	Pouco	Baixo	Vila Romana

Fonte: Adaptado de Bernardino et al., 2008.

> **EM RESUMO**
>
> Há diferentes tipos de varejo com loja. A principal característica desta categoria é a presença do consumidor final no ambiente físico, a loja.

Varejo sem loja

O varejo sem loja é a categoria que apresenta uma relação comercial em que não há necessidade do ambiente físico (loja).

As inovações tecnológicas dos últimos 20 anos têm acarretado mudanças nos hábitos e padrões de consumo das pessoas. Na esteira dessas mudanças, o varejo vem apresentando novos canais de venda. Destaca-se nesse sentido o chamado *varejo sem loja*. São exemplos de varejo sem loja:

- o comércio eletrônico;
- os catálogos;
- a venda porta a porta;
- a TV shopping.

O *varejo eletrônico* é realizado por meio de transações comerciais através da internet. Trata-se de uma modalidade que tem crescido substancialmente nos últimos anos, em todo o mundo. Internacionalmente, o exemplo mais destacado é o da Amazon. No Brasil, destacam-se as Lojas Americanas, o Submarino e a Saraiva.

A venda por intermédio de *catálogos* obteve expansão e consolidação no Brasil a partir 1994, em virtude da estabilidade econômica alcançada pelo país desde então. Para que este canal de distribuição seja bem-sucedido, é importante ter uma segmentação detalhada da base de clientes em termos de perfis de compra. O exemplo a seguir fala um pouco mais sobre a venda por catálogos.

QUADRO 4: EMPRESAS ADOTAM A VENDA DIRETA

Empresas já tradicionais no mercado varejista estão optando pela venda via catálogos. A oportunidade de atingir novos públicos e oferecer maior variedade de produtos são apontadas pela direção das companhias como principais motivos para investir nesse novo canal de distribuição. A Hermes foi a primeira a vender por catálogo no Brasil, em 1942, e desde 2003 vem estabelecendo parcerias com empresas já consolidadas no varejo. A Duloren, confecção de moda íntima, iniciou o mesmo trabalho em outubro de 2003. O fato de as empresas já estarem estabelecidas no mercado foi um problema percebido no início das negociações. A solução encontrada para evitar conflito de canais foi estabelecer linhas exclusivas. Dessa forma, o consumidor entenderia a vantagem de comprar via catálogo como a forma para ter uma linha completa de produtos, o que muitas vezes não acontece no varejo tradicional. "A venda por catálogo, no caso dessas empresas que já atuam no varejo, aparece com um complemento, um novo canal de vendas", explica Diomar Oliveira, gerente de marketing da Hermes, acrescentando não haver canibalização entre as vendas, mas sinergia. A variedade de produtos, a política de preços atraente e a comodidade de receber em casa são vantagens desse tipo de venda. Segundo informações da Payot, a ideia da apresentação de uma linha exclusiva para venda direta segue o conceito de tratamento desenvolvido pela empresa há 50 anos no varejo, com produtos diferenciados, sem queda na qualidade. Na Duloren, alguns produtos, como camisolas, cuecas, sutiãs sem costura e a linha infantil Teo & Lud foram terceirizadas pela empresa e são exclusivas para o catálogo.

Fonte: Adaptado de Godoi (2004).

O formato *porta a porta* consiste na visita pessoal dos vendedores de uma empresa à residência ou ao trabalho dos clientes. Nessas visitas, o vendedor adquire maior intimidade com o cliente, além de apresentar explicações pessoais sobre os produtos e realizar demonstrações. Empresas como Natura e Avon são expoentes na utilização dessa espécie de canal de distribuição.

A TV Shopping engloba as modalidades de TV a cabo do Shoptime e os infocomerciais, como aqueles produzidos pelo Polishop. No primeiro caso, os consumidores assistem a programas que apresentam os produtos e seus modos de uso, o que incentiva a compra via internet ou telefone. No segundo caso, os infocomerciais possuem duração média de 30 minutos, de modo a misturar entretenimento, com demonstrações de uso dos produtos e depoimentos de pessoas que já os compraram.

EM RESUMO

Há diferentes tipos de varejo sem loja. O uso de elementos tecnológicos, como a TV, o computador e a internet, evidencia novos parâmetros na relação de comércio. Contudo, vale ressaltar que esta categoria também apresenta, como marca, a relação de venda pelo formato porta a porta e pelo formato de catálogo.

Tarefas de distribuição dos varejistas

Rosenbloom (2002), citando Lazarus, define o papel dos varejistas nas tarefas de distribuição como aqueles que têm de interpretar as demandas dos clientes, a despeito de seu tipo ou porte. Cabe-lhes a estocagem de itens para atender às necessidades, além da oferta da variedade certa na hora em que os clientes estão prontos para comprar. Em outras palavras, é a prática da quantidade certa, na hora certa e no local certo.

Dessa maneira, podem-se determinar as tarefas de distribuição dos varejistas da seguinte forma:
- oferecer pessoal qualificado e instalações físicas que permitam aos fabricantes e atacadistas dispor de muitos pontos de contato com os consumidores. Esses pontos podem ser próximos às suas residências ou locais e trabalho;
- proporcionar venda pessoal, publicidade e mostruário para ajudar a vender os produtos, comprados e estocados, de fabricantes e atacadistas;

- analisar a demanda do consumidor e disponibilizar as informações em caráter sistêmico para os demais elos anteriores do canal de distribuição;
- fragmentar os grandes lotes adquiridos dos fabricantes e atacadistas nas quantidades menores demandadas pelos consumidores finais;
- oferecer estocagem de produtos, a fim de que os fornecedores – fabricantes ou atacadistas – possam ter estoques amplamente diversos de seus produtos a baixo custo e permitir aos consumidores acesso aos produtos;
- remover risco dos produtores e fabricantes ao pedir e aceitar entrega antecipadamente.

O nível ou maneira pela qual os varejistas irão executar tais tarefas varia enormemente, em função, por exemplo, das decisões estratégicas que venham a tomar em seus negócios e em virtude de fatores macro que possam influenciar o desenho dos canais de distribuição.

Tendências de mercado

Como ocorre em qualquer mercado, o setor de varejo também é suscetível às mudanças ocasionadas por inovações ou características socioeconômicas influentes. Algumas das principais tendências do varejo devem ser observadas para as próximas décadas. A seguir, com base em Kotler (2000) e Bernardino e colaboradores (2008), algumas dessas tendências que irão moldar o setor de varejo no futuro.

Em novos *formatos e composições de varejo*, o setor vem apresentando, ao longo dos anos, o surgimento de novas maneiras de conduzir negócios varejistas. Um exemplo recente tem sido o desenvolvimento do chamado formato *loja dentro da loja*. Neste modelo, supermercados abrem drogarias dentro de suas instalações, livrarias possuem cafeterias e postos de gasolina incluem locadoras em suas áreas.

> **COMENTÁRIO**
> Essa é uma tendência de integração de negócios diversos em um mesmo espaço, porque proporciona mais conveniência aos clientes, que podem encontrar, em um único local, os diversos produtos ou serviços de que necessitam.

Outra tendência do mercado tem sido o advento da *era eletrônica*. No caso do varejo, as inovações tecnológicas do setor de TIC têm permitido uma grande expansão do varejo sem loja.

> **COMENTÁRIO**
>
> O varejo sem loja pode significar mais da metade das vendas de todo o setor ainda no início deste século.

A *concentração de mercado* é outro fator recente do setor de varejo que tem gerado os grandes varejistas. Em mercados de países desenvolvidos, tais como Estados Unidos, Alemanha, Inglaterra e França, a fatia dos lucros totais do setor dos grandes varejistas corresponde, respectivamente, a 41%, 51%, 68% e 83%. Esses grandes varejistas têm tecnologia de ponta para gerenciamento de estoques e compras, além de grande poder para realizar compras com descontos e abatimentos.

São duas as principais consequências dessa concentração de mercado. Em primeiro lugar, os pequenos varejistas, sem terem como concorrer em igualdade de condições, são tirados do mercado. Esse tipo de situação já foi alvo de uma sátira da polêmica série de desenho animado *South Park*, nos Estados Unidos – ver exemplo a seguir para mais detalhes. Em segundo lugar, essa concentração tem aumentado demais o poder dos varejistas em relação a outro elo do sistema de distribuição: os fabricantes.

QUADRO 5: *SOUTH PARK* CRITICA A CONCENTRAÇÃO DE MERCADO
NO SETOR DE VAREJO DOS ESTADOS UNIDOS

> Na oitava temporada de veiculação do polêmico desenho animado *South Park*, nos Estados Unidos, foi exibido, em novembro de 2004, um episódio em que as ruas de South Park, cidade pequena do interior do país onde se passam os episódios da série, estão como as de uma cidade-fantasma.
>
> Intitulado "Something WalMart this way comes" (Uma coisa WalMart está vindo por aí), este episódio descreve a chegada de uma loja do WalMart à cidade de South Park, o que causa tragédia ao atrair todos os habitantes com seus preços inacreditavelmente baixos e leva à falência diversos comerciantes pequenos locais, além de provocar desemprego generalizado.
>
> Cartman, um dos personagens principais da série, se torna um garoto possuído pelo poder do WalMart e de seus preços baixíssimos. Para salvar sua cidade, Stan e Kyle, outros dois personagens importantes, precisam encontrar uma maneira de destruir o hipermercado que se expande cada vez mais.

Como mencionado no parágrafo anterior, uma consequência imediata da concentração de mercado no varejo é o *aumento de poder* das empresas do setor e os conflitos com os fabricantes daí originados. A relação de poder entre esses elos dos sistemas de distribuição tende a pender favoravelmente aos varejistas quando eles passam a deter grandes volumes de compras, dominando um vital canal de marketing e de acesso aos consumidores. Assim, os fabricantes, sob pena de perderem mercado, são alvos cada vez maiores de imposições dos varejistas. O quadro 6 ilustra este contexto no Brasil, envolvendo duas grandes empresas no cenário nacional.

QUADRO 6: A DITADURA DO VAREJO

"Não revele meu nome nem minha empresa. Seríamos jogados para fora do mercado. Quem critica a maneira como as grandes redes agem sofre represália. Esteja certo disto: ou vão punir todas as empresas citadas na reportagem, ou pegarão algumas para dar o exemplo. Se você ficar refém das grandes redes, está perdido. A cada negociação de contrato elas vêm com novas exigências de descontos e com taxas que corroem nossa margem."

O depoimento é do presidente de uma empresa do setor de alimentos que fatura na faixa de 2 bilhões de reais por ano. Este relato do executivo dá uma boa ideia de quão complicadas e conflitivas andam as relações dos grandes varejistas com os fornecedores. Esse processo tem um nome: concentração. Em 1997, as cinco maiores redes varejistas no Brasil respondiam por 27% das vendas. Em 2001, essa participação chegou a 39%. Essas empresas ganharam força, gerando maior poder de negociação com os fornecedores e impondo as regras no relacionamento comercial com mão de ferro.

Um exemplo de peso nesse contencioso: por causa da divergência em torno de uma tabela com reajuste de preços, 85% dos itens da Nestlé foram retirados das gôndolas do Pão de Açúcar em junho de 2002. O impasse durou dois meses, até que a Nestlé concordou em negociar com a tabela antiga. A interlocutores, um executivo da fabricante comentou que não teria como ficar de fora de uma rede como o Pão de Açúcar, um dos principais clientes da Nestlé.

Fonte: Adaptado de Blecher (2002).

A *concorrência entre formatos de varejos* também tem se apresentado como uma tendência do setor nos últimos anos. Assim, todas as espécies de varejos precisam preparar-se para identificar corretamente seus concorrentes, pois nem sempre são os formatos semelhantes seus verdadeiros rivais em um mercado. Por exemplo, uma padaria pode concorrer com uma loja de conveniência, um supermercado com uma farmácia ou um com açougue, além da concorrência entre os varejos com loja e sem loja.

A *tecnologia de informação* tem sido outro fator preponderante na evolução do setor de varejo nos últimos anos. O emprego de ferramentas de gerenciamento de estoques e logística, tais como RFID, códigos de barras e VMI, vêm possibilitando a redução de custos e a gestão eficiente das necessidades dos clientes.

A *internacionalização do mercado* é mais uma tendência do varejo. Esse processo se iniciou na década de 1960 e tem se acelerado nos últimos anos. Dos 100 maiores varejistas globais, mais de 60 têm, pelo menos, uma operação fora do país natal da empresa.

> **COMENTÁRIO**
>
> No Brasil, por exemplo, estão presentes grandes redes varejistas globais, como WalMart, Carrefour, FNAC, Leroy Merlin, C&A, Cassino, Starbucks, Benetton e GAP. Mas empresas brasileiras também têm se aventurado no mercado externo. Alguns exemplos são H. Stern, O Boticário e Habib's. Com relação ao setor financeiro, o quadro 7 ilustra a internacionalização do varejo bancário brasileiro.

QUADRO 7: A INTERNACIONALIZAÇÃO DAS EMPRESAS
BRASILEIRAS DO SETOR FINANCEIRO

> O Bradesco anunciou sua estreia em varejo no exterior com a compra das operações do Ibi no México por valor não revelado. Com o negócio, o Bradesco fortalece a parceria com o Ibi, braço financeiro das lojas C&A.
>
> Segundo o diretor da Bradesco Cartões, Marcelo Noronha, o banco vê o negócio como oportunidade para vender produtos de seguros e de financiamento ao consumo. "México e Brasil são as duas principais economias da América Latina. Obviamente há um enorme potencial naquele mercado em consumo de produtos financeiros", afirmou o executivo em teleconferência com jornalistas.
>
> Enquanto isso, seus principais concorrentes nacionais, Itaú Unibanco e Banco do Brasil, têm acenado com pretensões internacionais. O primeiro, que já possuía filiais na Argentina, no Chile e no Uruguai, intensificou o discurso de expansão fora do Brasil após a fusão com o Unibanco, em novembro de 2008, e sinalizou a intenção de entrar no varejo bancário do México. E o Banco do Brasil informou à Reuters, em novembro de 2009, que pretende entrar no varejo bancário em vários países da América Latina e nos Estados Unidos. Atualmente o BB está em negociações para compra de participação no argentino Patagônia.
>
> Fonte: Alves (2010).

Finalmente, uma última tendência do setor de varejo merece destaque. Trata-se do *comportamento do consumidor*. Deve-se lembrar que anos atrás os consumidores prefeririam lojas de departamentos, como a Sears, devido à comodidade de encontrar tudo de que precisavam em um único lugar. Atualmente, os shopping centers têm tomado esta preferência por oferecerem ampla variedade de estabelecimentos em conjunto com facilidades para estacionamento e áreas de lazer.

Além disso, inovações tecnológicas, como a internet, também provocam mudanças no hábito de consumir, seja pela maior possibilidade de pesquisa sobre bens a serem comprados, seja nos downloads de música, nos aplicativos de troca on-line, além da própria compra direta via comércio eletrônico.

Decisões estratégicas

Como ocorre no setor de atacado, as empresas de varejo também precisam tomar algumas decisões estratégicas que impactam seus negócios. Assim, de acordo com Kotler (2000), os varejistas precisam tomar decisões concernentes a *mercado-alvo, sortimento, serviços e ambiente de loja, preço, promoção e localização*.

No que diz respeito ao *mercado-alvo*, pode-se afirmar que esta seja uma das decisões mais importantes. Sem esta decisão tomada, a empresa não pode definir seu sortimento de produtos, políticas de precificação, propaganda e serviços ofertados aos clientes.

O *sortimento de produtos* do varejista deve estar alinhado com o perfil do mercado-alvo delineado. Com relação ao *sortimento* – amplitude e profundidade –, um bom exemplo é o do setor de alimentos. Um restaurante, por exemplo, pode oferecer:

- um sortimento limitado e superficial – bufês com poucas opções de pratos;
- um sortimento limitado e profundo – delicatéssens;
- um sortimento amplo, mas superficial – cafeterias;
- um sortimento amplo e profundo – grandes restaurantes.

O mix de serviços de um *varejista* é um fator de diferenciação de uma loja para outra e, como tal, também é considerado um elemento de decisão estratégica para as empresas do setor. Kotler (2000:547-548) classifica os serviços da seguinte maneira:

- serviços pré-compra: aceitação de pedidos pelo telefone ou correio, propaganda, decoração de loja, provadores, horários de funcionamento dos estabelecimentos etc.;
- serviços pós-compra: despacho e entrega de mercadorias, embalagens para presentes, ajustes e devoluções, instalações etc.;
- serviços auxiliares: balcão de informações, troca de cheques, estacionamento, restaurantes, área de lazer para crianças, crédito etc.

O *ambiente da loja* é outro fator de decisão estratégica para um varejista. Assim como o sortimento depende do mercado-alvo, o mesmo ocorre com o ambiente da loja em relação ao perfil dos consumidores e mercadorias vendidas.

> **COMENTÁRIO**
>
> As lojas de departamento vaporizam com perfume algumas de suas seções e os restaurantes trabalham com ambientes planejados. Além disso, deve-se considerar o layout da loja, pois devem possuir um desenho que facilite a movimentação das pessoas e a realização de compras.

Os *preços* praticados pela empresa de varejo são um ponto crucial da organização do setor, além de um dos critérios de classificação para esse tipo de empresa. É intimamente ligado ao mercado-alvo definido e ao sortimento. De maneira geral, os varejistas são empresas que trabalham com baixos volumes e altas margens – lojas de artigos de luxo – ou altos volumes e margens baixas – lojas de departamento e supermercados em geral. Além dessa definição básica do preço *versus* mercado-alvo, a precificação pode ser usada em outros contextos.

> **COMENTÁRIO**
> Diversos varejistas trabalham com alguns itens de altas vendas até com margens negativas, se eles forem capazes de atrair mais clientes. No caso, tais clientes extras podem comprar outros produtos e compensar essas eventuais margens negativas. Outra tática de precificação muito empregada são as promoções e liquidações em setores específicos ou em todo o estabelecimento.

Com relação à *promoção*, os varejistas usam grande gama de ferramentas de promoção, a fim de gerar fluxos de pessoas e compras nas lojas. Alguns exemplos dessa prática corriqueira do setor são os anúncios de liquidação – TVs e jornais, por exemplo –, emissão de cupons de desconto, programas de recompensa aos consumidores e distribuição de amostras grátis.

Finalmente, um último fator estratégico para o varejo deve ser mencionado: a *localização*. Perfil dos residentes de uma área, dados demográficos, hábitos gerais e existência de concorrentes são variáveis usualmente empregadas na determinação de abertura de uma nova filial. Resumidamente, estabelecimentos de varejo podem ser abertos em centros comerciais, shoppings, galerias de bairro ou lojas de rua.

> **EM RESUMO**
> As decisões estratégicas dos varejistas estão diretamente relacionadas ao mercado-alvo, ao sortimento de produtos, aos serviços e ambiente de loja, aos preços e às promoções e também à localização do estabelecimento.

Agentes facilitadores

> **CONCEITO-CHAVE**
>
> Rosenbloom (2002) define os *agentes facilitadores* como aquelas empresas que dão suporte a tarefas de distribuição que não sejam de compra, venda ou transferência de direitos.

Geralmente essas empresas são terceirizadas por seguirem o mesmo princípio de especialização que leva fabricantes a escolherem canais indiretos de distribuição – conforme visto no capítulo 1.

> **COMENTÁRIO**
>
> Mesmo que não sejam parte direta de um sistema de distribuição, de modo a considerar o clássico fluxo fabricante-atacadista-varejista-consumidor, os facilitadores, em função da importância das atividades que desenvolvem, também podem ser considerados um elo de um sistema de distribuição.

Alguns agentes facilitadores se tornaram membros inovadores de um canal de distribuição, contribuindo substancialmente para a resolução de problemas – ver quadro 8 para mais detalhes.

QUADRO 8: INOVAÇÃO E SOLUÇÃO DE PROBLEMAS
DE UM AGENTE FACILITADOR

A Lever Brothers, grande fabricante de produtos de limpeza, tinha um sério problema de distribuição – comum a todos os fabricantes desse tipo de produto. Durante o transporte de sabões em pó e detergentes, muitas caixas são amassadas ou rasgadas. Os varejistas, nestes casos, costumam recusar o recebimento das mercadorias e os custos de retorná-las ao empacotamento não são viáveis.

Nesse contexto, a DCI, um armazém público, inovou e conseguiu resolver o problema para o fabricante. Ofereceu suas instalações, em uma cidade americana, para atuar como um ponto de coleta das caixas danificadas de todo os Estados Unidos.

Quando esta central recebe os itens defeituosos, eles são transferidos para grandes tambores e enviados de volta regularmente para uma unidade fabril da produtora. Os produtos recuperados não são vendidos para o uso doméstico, mas são comercializados, com lucro, para uso industrial, pois servem perfeitamente para essa finalidade.

Fonte: Rosenbloom (2002).

> **EXEMPLO**
>
> Como o exemplo da Lever Brothers demonstra, o potencial dos agentes facilitadores de ir além de suas tarefas tradicionais na execução de tarefas de distribuição para fornecer novos tipos de serviços pode aumentar, de forma considerável, o valor que tais empresas agregam aos membros de todo o sistema de distribuição.

Ao diligenciar a um agente facilitador algumas tarefas de distribuição, o gestor de um canal passa a contar com uma estrutura auxiliar eficiente e especializada, que contribuirá para o alcance dos objetivos de distribuição da empresa contratante.

Agentes de transporte

Os *agentes de transporte* são aquelas empresas que executam serviços de transportes gerais abertos ao público.

Mundialmente, dois grandes exemplos de agentes de transporte são UPS e Fedex. No Brasil, o melhor exemplo são os Correios.

> **COMENTÁRIO**
>
> Devido às grandes economias de escala e de escopo, essas transportadoras são capazes de executar seus serviços de transporte de forma muito mais eficiente e eficaz que os fabricantes, atacadistas ou varejistas.

Agentes de armazenagem

Os *agentes de armazenagem* consistem em empresas que são armazéns de produtos, as quais cobram uma taxa pela utilização do espaço em função da metragem utilizada pelo cliente ou do volume de mercadorias.

Até grandes varejistas que possuem seus próprios centros de distribuição (CDs) recorrem a estas empresas, de acordo com suas necessidades.

> **COMENTÁRIO**
>
> Um exemplo é o do Grupo Pão de Açúcar, no estado do Rio de Janeiro. O CD do maior grupo de supermercados do Brasil se localiza em São João de Meriti, no entorno da capital do estado. Muito embora o CD do Pão de Açúcar seja grande e estoque suas mercadorias de bazar e mercearia, a empresa faz uso, nas proximidades de seu CD, de um agente de armazenagem terceirizado para estocagem somente dos produtos perecíveis que comercializa nas lojas da rede no Rio de Janeiro.

Agentes de processamento de pedidos

Os *agentes de processamento de pedidos* são as empresas que se especializam na tarefa de preenchimento de pedidos. Eles poupam aos fabricantes, atacadistas ou varejistas de algumas ou de todas as tarefas de despacho para clientes.

Agências de publicidade

As *agências de publicidade* oferecem aos membros do canal de distribuição expertise e know-how na elaboração e desenvolvimento de estratégias de promoção.

Essas estratégias podem variar desde o fornecimento de um pequeno suporte na redação de um anúncio até todo o projeto e execução de uma campanha publicitária.

Agentes financeiros

Os *agentes financeiros* são os bancos, financeiras e agentes comerciais, os quais se especializam na compensação de contas a receber. Comuns a todas essas empresas são o conhecimento e os recursos financeiros, que geralmente os gestores de canais não possuem.

> **COMENTÁRIO**
>
> No varejo, é muito comum a formação de parcerias entre varejistas e instituições financeiras para concessão de crédito aos consumidores. Exemplos dessas parcerias são a do Grupo Pão de Açúcar com o Itaú – não mais em vigor – e do Unibanco com as Lojas Americanas e o Magazine Luiza.

Companhias de seguros

As *companhias de seguros* fornecem aos gestores do canal de distribuição os meios de se proteger contra alguns dos riscos subjacentes a qualquer empresa, tais como incêndios ou roubos, danos às mercadorias e, mesmo, desastres climáticos.

Empresas de pesquisa de marketing

Os gestores dos canais de distribuição podem contar com as *empresas de pesquisa de marketing* para o fornecimento de informações quando sua própria empresa não possui – ou não tem interesse em ter – as habilidades necessárias para coletar informações mercadológicas importantes para a distribuição.

Capítulo 3

Análise estratégica dos canais de distribuição

Neste capítulo, apresentaremos uma visão contextualizada e relativizada da importância dos canais de distribuição no composto de marketing de uma empresa. Veremos, também, alguns aspectos importantes no que diz respeito à elaboração de estratégias de canais de marketing e a possibilidade de obtenção de vantagens competitivas a partir dos mesmos, além de explorarmos algumas das principais variáveis capazes de afetar o desenho dos canais.

A importância relativa da estratégia de distribuição para os objetivos das empresas

Do ponto de vista estratégico, Kotler (2000) define a estratégia de marketing como os princípios norteadores pelos quais uma unidade de negócios espera alcançar seus objetivos de marketing em determinado mercado-alvo.

Como explicado no capítulo 1, o gerenciamento dos canais de distribuição é um aspecto relacionado à administração de marketing de uma empresa – um dos 4Ps. Logo, a estratégia de marketing de canal é derivada dessa visão mais ampla da estratégia corporativa de marketing.

CONCEITO-CHAVE

Rosenbloom (2002), ao focar na questão dos canais, definiu a estratégia de canais como *os princípios gerais pelos quais uma empresa espera alcançar seus objetivos de distribuição em seus mercados-alvos.*

COMENTÁRIO

A importância absoluta da estratégia dos canais de distribuição precisa ser relativizada com os demais componentes do mix de marketing e os objetivos gerais da empresa. Além disso, deve ser considerada a capacidade de geração de vantagens competitivas que uma estratégia de canais é capaz de proporcionar. Tais pontos serão explicados ao longo desta unidade.

Estratégia de canais e os objetivos corporativos

Para Rosenbloom (2002:150), *a decisão de distribuição mais importante a ser considerada por uma empresa diz respeito ao papel atribuído à distribuição em seus objetivos e estratégias de longo prazo.*

Mais especificamente, uma empresa deve decidir se a realização de seus objetivos de distribuição é vital para seu sucesso em longo prazo. Esse tipo de decisão, por exemplo, pode requerer mudanças na intensidade dos canais ou de seus níveis empregados.

> **COMENTÁRIO**
>
> A decisão acerca do grau de prioridade atribuído à distribuição é uma questão particular de cada empresa, de seu produto, da estratégia corporativa e do ambiente no qual a empresa está inserida. Tais pontos contextualizam e condicionam a estratégia de distribuição a ser elaborada para cada caso. Rosenbloom (2002) cita alguns exemplos que ajudam a ilustrar este ponto.

> **EXEMPLO**
>
> **GOODYEAR E GUCCI**
>
> Nos Estados Unidos, a Goodyear – uma das maiores fabricantes de pneus do mundo – queria aumentar suas vendas significativamente. Na época, a empresa dependia exclusivamente de suas próprias lojas e de uma rede de 25 mil revendedores independentes. A estratégia de ampliação de vendas identificou que os canais de distribuição precisavam ser ampliados a fim de que este objetivo fosse alcançado. Com base nisso, grandes lojas de departamentos, como a Sears, foram incluídas em seu sistema de canal, bem como uma grande empresa de revenda de pneus, a Discount Tire Company. Esse movimento de ampliação da rede de distribuição expandiu significativamente a capilaridade do fabricante perante seus consumidores finais e fez as vendas aumentarem bastante.
>
> Os produtos de consumo em massa da Goodyear necessitavam de ampliação dos canais de distribuição, a fim de que mais clientes finais pudessem ser alcançados pela empresa.
>
> Por sua vez, a Gucci – fabricante de artigos de luxo –, em sentido oposto ao da Goodyear, optou por uma estratégia de restrição dos canais de distribuição. Ao perceber que a proliferação desenfreada dos canais de distribuição de seus produtos – no final da década de 1980 havia milhares de revendedores Gucci – alienava a marca e fazia perder identidade junto ao seu público-alvo, a empresa ajustou sua estratégia de distribuição, o que significou que revendedores sem prestígio – ou glamour – não fariam mais parte de seu sistema de distribuição. Isso resultou em uma rede de menos de 500 revendedores, todos da mais alta qualidade e identificados com a imagem de grife projetada pela marca Gucci. Como resultado, logo no ano seguinte, os lucros subiram 45%.
>
> A Gucci, em virtude do posicionamento de mercado da empresa e de sua marca, precisou trilhar o caminho oposto ao da Goodyear e restringiu o tamanho dos seus canais de distribuição, a fim de não perder seu público-alvo.

Os dois exemplos citados – Goodyear e Gucci – comprovam como as estratégias de distribuição são condicionadas por outros fatores externos às questões específicas da própria distribuição.

> **CAPILARIDADE**
> Capacidade de um sistema integrar todos os recursos de uma instituição.

A relação entre o mix de marketing e a estratégia de canais

O papel e importância da distribuição devem ser relativizados com o papel e a importância das estratégias de produto, precificação e comunicação das empresas.

A importância atribuída à distribuição pela estratégia organizacional deve ser sopesada, isto é, relativizada com o mix de marketing da empresa. Nesse contexto, o trabalho eficaz do gestor de marketing passa pela combinação harmoniosa entre os 4Ps do composto de marketing, a fim de que seja mantido o nível adequado de satisfação do mercado-alvo da empresa.

> **COMENTÁRIO**
> Pode-se afirmar que não existe um modelo ideal, no que se refere ao peso relativo de cada componente do mix de marketing. De fato o modelo a ser adotado é uma função de diversas variáveis particulares a cada contexto. Em outras palavras: não há regra universal que determine que qualquer um dos 4Ps é mais importante do que os outros. Alguns exemplos que ajudam a ilustrar este ponto podem ser mencionados.

Empresas com produtos ou serviços de tecnologia de ponta obtêm satisfação de seu mercado-alvo medida em termos de indicadores de vendas, lucros e market share, com base na exclusividade de seus produtos ou serviços. É o caso dos produtos da Apple, dos softwares da Microsoft ou de produtos farmacêuticos. Nesses casos, a *variável do produto* assume uma dimensão estratégica e é relativamente mais importante que os demais componentes do mix de marketing.

Por outro lado, em empresas que vendem bens commoditizados, ou seja, mercadorias sem valor agregado e que são ofertadas aos consumidores sem qualquer diferenciação aparente entre os produtos dos vários fabricantes, o principal composto de atração de clientes deve ser o *preço*. Podem-se citar, co-

> **MARKET SHARE**
>
> Percentual entre o que a empresa vendeu de determinada categoria de produto ou serviço e o que todas as empresas do setor venderam – mercado total. Razão entre as vendas de uma empresa e o mercado total.
>
> **COMMODITIES**
>
> Mercadorias físicas negociadas sob a forma de contratos padronizados em bolsa de mercadorias. O termo inglês designa um tipo de mercadoria em estado bruto ou com um grau muito pequeno de industrialização; entretanto, esses produtos primários têm grande importância comercial. As principais commodities são produtos agrícolas – como café, soja e açúcar – ou minérios – cobre, petróleo, aço e ouro, entre outros. Por constituírem produtos não diferenciados, as commodities não têm preço diferente por questões de marca, nem envolvem alta tecnologia; por conseguinte, criam mercados homogêneos.

mo exemplos de commodities, mercadorias agrícolas e produtos siderúrgicos. Nesses casos, o preço pode se tornar o diferencial, por se tratar de bens que são semelhantes em todos os aspectos e que possam impactar a satisfação do cliente em relação à qualidade, ao prazo de entrega, ao tipo de embalagem etc.

Por sua vez, a *comunicação*, especialmente no tocante à propaganda, deverá assumir maior relevância que os demais elementos do mix de marketing, como ocorre no caso dos fabricantes de produtos cosméticos e perfumes, por exemplo, que dependem da imagem ou da marca para conquistar seus mercados-alvos.

Finalmente, nos casos em que a ênfase está na forma da venda do produto, a *distribuição* passa a ser o elemento preponderante do mix de marketing da empresa. Ligadas à distribuição estão a rapidez na reposição dos produtos, a conveniência ofertada aos clientes, bem como a localização dos pontos de venda.

> **COMENTÁRIO**
>
> Adicionalmente, devemos compreender que existe uma íntima interligação entre os elementos do composto de marketing de uma empresa. Em outras palavras: a estratégia de produto interage com a estratégia de preços que, por sua vez, está ligada à estratégia de promoção, a qual interage com a estratégia de distribuição. A figura 5 ilustra esse ponto.

Qualquer mudança estratégica em um dos 4Ps tem o poder de afetar todos os demais. Como exemplo, as alterações em padrões de produto podem impactar sua precificação, o que aumenta os preços. Isso exigirá um esforço de propaganda para justificar esse aumento, a fim de comunicar as novas características do produto. Adicionalmente, a distribuição pode ser afetada, pois os elos do canal podem precisar de informações sobre estas novas características, além de o comportamento desses elos em relação ao novo produto poder ser alterado.

FIGURA 5: A RELAÇÃO ENTRE OS ELEMENTOS DO COMPOSTO DE MARKETING DAS EMPRESAS

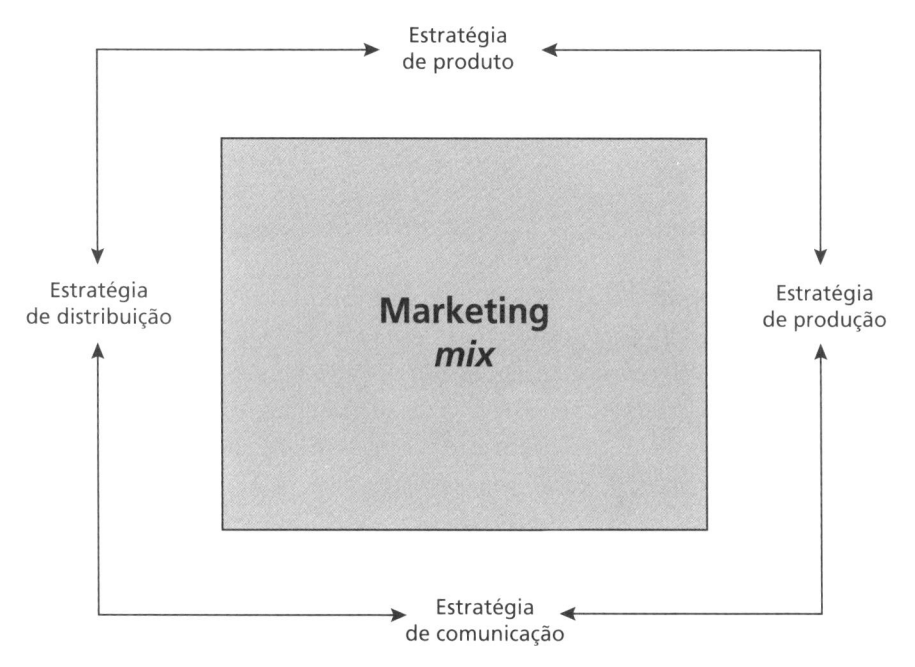

```
                    Estratégia
                    de produto

  Estratégia      Marketing       Estratégia
  de distribuição    mix          de produção

                    Estratégia
                    de comunicação
```

Fonte: Rosenbloom (2002:166).

EM RESUMO

É preciso relativizar o papel e a importância da distribuição em relação às estratégias de produto, de precificação e de comunicação das empresas, mesmo porque não existe um modelo ideal em relação ao peso de cada componente do mix de marketing.

Vantagem competitiva e canais de distribuição

Assim denominada por Michael Porter (2004), a vantagem competitiva das empresas tem sido um dos temas mais estudados nos últimos anos nas áreas de administração e economia. Essa vantagem competitiva pode ser fruto, por exemplo, de uma tecnologia patenteada ou não imitável, do acesso exclusivo a alguma matéria-prima importante, de um contrato exclusivo de atuação em algum setor econômico ou do desenvolvimento de capacidades organizacionais que não podem ser copiadas pelos concorrentes.

> **CONCEITO-CHAVE**
>
> Em suma, uma vantagem competitiva é uma capacidade da empresa de atender seus clientes de uma maneira única, de forma sustentável e no longo prazo, de tal maneira que seus concorrentes não conseguem acompanhá-la.

Um desenho de canal pode se tornar um diferencial para uma empresa, no âmbito das vantagens competitivas, ou seja, constituir-se em uma vantagem competitiva perante seus concorrentes. Não obstante, os demais elementos do mix de marketing, que se tornam um diferencial em termos de desenho de canal de distribuição, podem proporcionar vantagens substanciais e de longo prazo para as empresas.

A Dell teve sua venda direta de computadores considerada, durante muito tempo, como uma clara vantagem competitiva da empresa, pois nenhum dos seus concorrentes tinha a habilidade necessária de vender computadores pessoais customizados, via canal direto de marketing. Isso deixou a Dell sem concorrentes em um canal totalmente novo – e criado por ela – no setor de computadores.

O quadro 9 ilustra como os canais de distribuição podem se transformar em uma vantagem competitiva para as empresas.

QUADRO 9: CANAIS DE DISTRIBUIÇÃO COMO VANTAGEM COMPETITIVA: CASO DA CATERPILLAR

A Caterpillar é uma das maiores empresas mundiais de fabricação de equipamentos pesados. Um dos diferenciais da empresa é seu desenho de canal de distribuição, uma verdadeira vantagem competitiva para a organização.

A rede de concessionários da Caterpillar é composta de 186 representantes americanos e estrangeiros, que possuem o direito de propriedade sobre as instalações e compõem o canal de vendas para a maioria dos produtos da empresa.

Ao longo dos anos, a Caterpillar colocou grande ênfase na elaboração e desenvolvimento de seus canais de marketing, em um esforço programado de fazê-los superiores aos da concorrência. Uma característica do sistema, por exemplo, é sua rede de computadores conectando todos os concessionários ao CD da empresa. Essa rede permite que os concessionários realizem pedidos de qualquer tipo de peça com prazo de entrega de um dia – nos Estados Unidos – e 48 horas para muitas partes do mundo. Isso permite que a empresa disponha um nível de serviço extremamente elevado para seus clientes finais.

Além disso, a Caterpillar também empreende dezenas de programas de treinamento para os membros de seu sistema de distribuição.

Fonte: Rosenbloom (2002).

EM RESUMO

Entende-se por vantagem competitiva a oferta de um produto ou de um serviço de caráter exclusivo de um determinado fornecedor, de modo que não possa ser copiado pelos seus concorrentes.

Definição de desenho de canais de distribuição

De acordo com Rosenbloom (2002), o desenho de um canal é a decisão que envolve o desenvolvimento de novos canais de distribuição ou a modificação de canais já existentes.

Alguns pontos podem ser compreendidos com base na definição apresentada. Primeiramente, o desenho de um canal é uma decisão gerencial. Logo, faz parte de um processo cognitivo e de análise dos gestores acerca da importância de desenhar – ou não – um canal.

Em segundo lugar, o desenho pode partir do zero, ou seja, a construção de um canal inteiramente novo, ou pode ser uma inovação incremental, isto é, mudanças implementadas em canais já em uso – um bom exemplo pode ser visto a seguir.

Finalmente, em terceiro lugar, desenhar um canal tem um sentido estratégico na medida em que, como vimos, o emprego estratégico e planejado do canal de distribuição em conjunto com os demais elementos do composto de marketing empresarial é capaz de proporcionar vantagens competitivas para as organizações.

QUADRO 10: INOVAÇÃO INCREMENTAL NOS CANAIS DE DISTRIBUIÇÃO DA OX

Duas vezes por semana, o executivo Márcio Mansur, presidente da fabricante brasileira de cosméticos Ox, deixa seu escritório, na Zona Sul de São Paulo, e sai para visitar farmácias e supermercados que comercializam seus produtos. Nessa "ronda", Mansur observa como os xampus e cremes da marca são expostos nas prateleiras e como os consumidores reagem a eles.

A política, adotada desde que Mansur assumiu o comando da Ox, no início de 2005, tem como objetivo revigorar o tradicionalmente apático relacionamento da empresa com os pontos de venda e, consequentemente, com os consumidores.

Hoje, a marca está presente em 11 mil estabelecimentos em todo o país – mais que o dobro de lojas de um ano atrás. A etapa seguinte foi investir em espaços nobres para os produtos da marca, que deixaram as prateleiras mais baixas – onde o custo é mais barato – e começaram a ocupar melhores lugares nas gôndolas. A empresa também passou a apostar em espaços próprios dentro das lojas, onde poderia apresentar seus produtos de forma mais sofisticada, a exemplo do que fazem concorrentes como L'Oréal e Nivea.

Trata-se de uma estratégia que envolve investimentos altos. "Eles têm feito um trabalho competente na estratégia de ponto de venda", afirma Marcos Colares, gerente comercial da rede de farmácias Droga Raia. Segundo Colares, neste ano os produtos da Ox venderam 50% mais que a média do setor de perfumaria da rede.

Fonte: Guimarães (2006)

EM RESUMO

Existem três etapas para que um canal de distribuição seja implementado: a decisão gerencial de construir um novo canal, a construção de um canal inteiramente novo ou inovações a serem implementadas em canais já existentes e, finalmente, a construção de um canal com finalidade estratégica.

Definição e coordenação dos objetivos da distribuição

Após a compreensão do que significa o desenho de um canal de distribuição, entende-se melhor como devem ser definidos e coordenados os objetivos da distribuição após a tomada de decisão que determinou a criação de um novo canal ou a necessidade de implantação de mudanças em um canal de marketing já existente. Nesse ponto, Rosenbloom (2002:175) cita três passos importantes que os gestores dos canais devem empreender:

- familiarizar-se com os objetivos estratégicos gerais da empresa, bem como com os demais objetivos de todos os outros elementos do composto de marketing da organização;

- definir – e comunicar – de forma clara quais são os objetivos da distribuição;
- checar a coerência entre os objetivos da distribuição e os objetivos da estratégia geral – e de marketing como um todo – da empresa.

Um gestor de canal de marketing deve familiarizar-se com os objetivos gerais e de marketing de uma empresa para entender que estes podem – e devem – se impor sobre os objetivos da distribuição.

Mesmo nos casos em que o gestor de canais seja um responsável geral da empresa, o que requer uma visão do todo da organização, deverá compartilhar um entendimento de inter-relação entre os elementos do mix de marketing.

Rosenbloom (2002) fornece um bom exemplo da necessidade de familiarização entre os objetivos gerais e os dos canais de distribuição em uma empresa – ver quadro 10.

QUADRO 11: A DAILY SALAD COMPANY E O CASO DA DISTRIBUIÇÃO
DE NOVOS PRODUTOS EM CANAIS DE MARKETING ANTIGOS

A Daily Salad Company fazia vários tipos de salada altamente perecíveis. Seu principal objetivo de distribuição era fornecer esses produtos mais frescos possíveis para consumo final, o que era considerado a vantagem competitiva da empresa. No entanto, toda essa ação demandava um grande controle do nível de serviço das entregas da Daily Salad. Para colocar a ação em prática, foi desenhado um canal de distribuição direto entre a força de vendas da empresa e seus varejistas – sem o emprego de atacadistas, portanto.

Em suma: a Daily Salad apresentava uma boa coordenação entre o objetivo geral da empresa e o objetivo da distribuição, ou seja, a *distribuição foi definida de maneira a refletir a estratégia geral de fornecer produtos perecíveis absolutamente frescos*. Contudo, mais tarde, quando a empresa introduziu dois novos produtos em seu portfólio, que não eram de natureza tão perecível como as saladas que já vendia, alguns problemas começaram a surgir.

Isso ocorreu porque a empresa não foi capaz de reconhecer que o desenho de canal então existente era adequado para os produtos altamente perecíveis e, dessa forma, os novos itens – geleias e picles – demandavam uma avaliação dos objetivos da distribuição. A Daily Salad continuou a usar seu canal de venda direta aos varejistas para os novos produtos. Entretanto, na medida em que as vendas aumentavam, também aumentava a necessidade de cobertura territorial. Consequentemente, também aumentavam – de forma proibitiva – os custos para manter essa estrutura.

Finalmente, a empresa percebeu que os objetivos da distribuição entre os produtos de seu portfólio eram diferentes. Como os picles e as geleias tinham durabilidade bem maior, não era necessário o mesmo nível de serviço das entregas destes produtos em relação às perecíveis saladas frescas. A solução foi desenhar um canal próprio para os novos produtos com base no emprego de atacadistas e armazéns, o que diminuiu os custos e alinhou novamente a estratégia de expansão da empresa com sua estratégia de distribuição.

Fonte: Rosenbloom (2002).

Outro passo importante para coordenar os objetivos dos canais de marketing é definir, de maneira clara, os da distribuição, que precisam ser elaborados em frases curtas e objetivas que descrevam o papel da distribuição no alcance dos objetivos de marketing de uma empresa. Portanto, essas frases servirão como uma orientação e guia importante no desenho dos canais.

> **COMENTÁRIO**
>
> Um passo importante, conforme destacado por Rosenbloom (2002), para coordenar os objetivos da distribuição é verificar a coerência entre estes e os objetivos da estratégia geral e de marketing da empresa. Isso significa ter a certeza que não existem pontos conflitantes entre a estratégia de distribuição e os objetivos dos outros elementos do mix de marketing – preço, produto e comunicação.

A figura 6 apresenta, de maneira esquemática, esse ponto importante. É interessante notar a relação hierárquica existente entre os objetivos e estratégias gerais de uma empresa, as quais subordinam os objetivos gerais e estratégicos de marketing. Estes, por sua vez, subordinam os objetivos individuais de cada um dos elementos do composto de marketing da empresa.

FIGURA 6: HIERARQUIA DOS OBJETIVOS E ESTRATÉGIAS DA EMPRESA E INTER-RELAÇÃO ENTRE OS ELEMENTOS DO COMPOSTO DE MARKETING

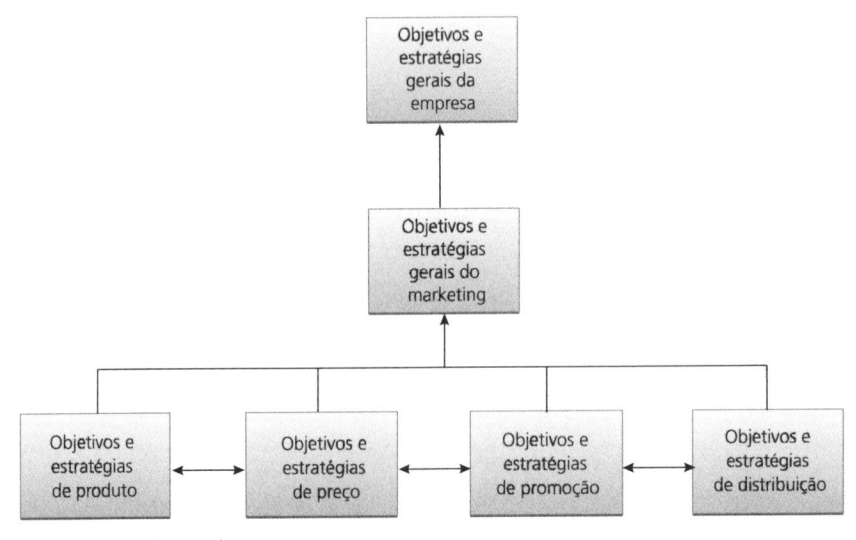

Fonte: Rosenbloom (2002:177).

> **COMENTÁRIO**
>
> Além da questão hierárquica apontada anteriormente, nota-se também uma inter-relação não hierárquica entre os componentes do mix de marketing na base da figura 6. Na prática, isso significa que os objetivos e estratégias individuais do composto de marketing devem ser coerentes entre si.

Assim, se o produto requerer alta qualidade, o objetivo de preço deve estar alinhado com esta característica, a fim de que cubra os eventuais gastos de seu desenvolvimento, além de fixar a marca como algo de qualidade. Como consequência, a promoção deve refletir esse diferencial de qualidade do produto, de modo a associá-lo ao seu mercado-alvo. Logicamente, a política de distribuição deve ficar alinhada com a ideia de deixar o produto convenientemente disponível ao seu mercado-alvo, ou seja, nos canais que os clientes pretendidos costumam utilizar.

> **EM RESUMO**
>
> O gestor deve estar envolvido e familiarizado com os objetivos gerais de distribuição, de modo a verificar a coerência entre estes e os objetivos de estratégia geral e de marketing da empresa.

Especificação das tarefas de distribuição

Um dos trabalhos do gestor de um canal de marketing é definir as funções de marketing necessárias para a administração do canal e para que os objetivos de distribuição sejam atingidos. Há de se notar, uma vez mais, que tal determinação das funções é uma questão relativa, condicionada às particularidades de cada produto.

Logo, não existe um quadro geral de funções de marketing – ou tarefas de distribuição – que podem ser aplicadas a qualquer tipo de produto ou mercado. O quadro 12 fornece um bom exemplo no que diz respeito às diferenças entre as tarefas de distribuição necessárias para bens de consumo duráveis e produtos industriais.

QUADRO 12: TAREFAS DE DISTRIBUIÇÃO PARA BENS
DE CONSUMO DURÁVEIS E PRODUTOS INDUSTRIAIS

Tarefas de distribuição para bens de consumo duráveis	Tarefas de distribuição para produtos industriais
Coletar dados sobre o comportamento do consumidor do mercado-alvo	Manter estoque – em termos de quantidade e tipo
Promover a disponibilidade do produto no mercado-alvo	Proporcionar entrega rápida – em dias ou horas
Manter estoque para garantir o nível de serviço	Oferecer crédito
Compilar informações sobre as características do produto	Prestar serviço de emergência
Permitir experimentação dos produtos	Oferecer serviços de semifabricação: cortar, laminar, furar etc.
Vender significativamente, mesmo com a concorrência presente	Incluir embalagem e manuseio especial
Processar pedidos	Prestar assistência técnica: análise de problemas, seleção de produtos, aplicação e uso final do produto

Tarefas de distribuição para bens de consumo duráveis	Tarefas de distribuição para produtos industriais
Transportar o produto – logística	Manter informações de mercado
Proporcionar crédito	Oferecer espaço de estocagem
Prestar serviços de garantia	Ter capacidade de absorver itens obsoletos
Prestar serviços de reparo e conserto	Processar pedidos para muitas contas
Determinar procedimentos de devolução de mercadorias	Receber devoluções

Fonte: Adaptado de Rosenbloom (2002).

COMENTÁRIO

O quadro 12 mostra que as tarefas de distribuição de um produto são uma função, em primeiro lugar, do tipo de produto que será distribuído. Em outras palavras: bens de consumo demandarão, de forma geral, certas tarefas; bens industriais precisarão de outras; serviços, idem.

Considera-se que as tarefas também podem ser diferentes, ainda que entre produtos da mesma natureza – bens industriais *versus* bens industriais, por exemplo. Algumas tarefas podem ser suprimidas em função do tipo de empresa e dos objetivos de distribuição de seus produtos.

Após a avaliação da necessidade de criação ou de evolução de um canal de marketing, definição e coordenação de seus objetivos, bem como especificação das tarefas de distribuição, cabe avaliar um último aspecto importante do desenho de um canal: as variáveis internas que podem influenciá-lo.

Principais variáveis internas a serem consideradas no desenho e estratégia dos canais de distribuição

Não é incorreto dizer que as variáveis de mercado são as mais importantes variáveis internas que podem impactar o desenho de um canal de distribuição. É o mercado que decide o que é necessário em termos de produtos e de serviços a serem oferecidos, muito embora algumas empresas sejam consideradas experts em criar necessidades não previstas pelo próprio mercado.

Para Rosenbloom (2002), há quatro aspectos importantes nas variáveis de mercado que merecem consideração especial no desenho de um canal de marketing, a saber:

- geografia de mercado;
- tamanho do mercado;
- densidade do mercado;
- comportamento do consumidor.

A *geografia do mercado* diz respeito ao tamanho físico do mercado em si, sua localização e distância dos centros fabricantes. Em termos de desenho do canal, as tarefas fundamentais que emergem quando se lida com a questão da geografia do mercado dizem respeito ao desenvolvimento de uma estrutura de canais que cubra adequadamente os consumidores locais, além de permitir um fluxo regular de abastecimento de mercadorias.

> **COMENTÁRIO**
>
> Como regra geral, pode-se afirmar que, quanto maior a distância entre um fabricante e seus mercados, maiores as chances de que os custos envolvidos no uso de intermediários sejam menores do que o emprego da distribuição direta.

O *tamanho do mercado* impacta o desenho dos canais de marketing porque, quanto maior o mercado, maiores as chances de utilização de intermediários; por outro lado, quanto menor o mercado, maiores as chances de uma empresa fazer uso da distribuição direta.

> **COMENTÁRIO**
>
> É importante destacar que o tamanho do mercado deve ser mensurado pela quantidade de unidades que operam como clientes – sejam pessoas físicas ou pessoas jurídicas –, e não pelo faturamento total proporcionado.

Isso se deve ao fato de que uma pequena quantidade de clientes pode ser responsável por um enorme faturamento. Porém, o tamanho do mercado pode impactar o desenho do canal em termos de uma escolha empresarial entre distribuição direta ou indireta. Logo, é importante compreender este aspecto – quantidade de clientes *versus* total do faturamento – para que uma decisão importante no desenho do canal não seja tomada de maneira equivocada.

A *densidade do mercado* é outro fator importante para o desenho de um canal. Ela é medida quando se considera o número de unidades-clientes – pessoas físicas ou pessoas jurídicas – por unidade de superfície. Assim, um mercado com mil clientes em uma área de 100 km² é mais denso do aquele com o mesmo número de unidades em uma área de 500 km².

> **COMENTÁRIO**
> Via de regra, quanto menor for a densidade de um mercado, maior a chance de empregarem-se intermediários. Por outro lado, quanto maior a densidade, maiores as chances de eliminação de intermediários.

Finalmente, um último aspecto das variáveis de mercado merece atenção: o *comportamento do consumidor*. Basicamente, o comportamento do consumidor no mercado refere-se a:

- como os clientes compram;
- quando os clientes compram;
- onde os clientes compram;
- quem faz a compra.

Sem dúvida, o comportamento do consumidor pode ser considerado o mais volátil dos aspectos de mercado mencionados até aqui. Ele é suscetível às inovações tecnológicas, como o advento do *e-commerce* – que podem impactar o "como", o "quando" e o "onde" os clientes compram –, ao aumento de educação e, consequentemente, do nível de conscientização sobre o consumo de certos produtos. Isso impacta em, por exemplo, decisões de não consumir produtos ambientalmente agressivos – ou seja, "como" os clientes compram –, ou a mudanças socioeconômicas, que podem aumentar a base de clientes, o que modifica o tamanho do mercado e sua densidade, isto é, "quem" compra.

O quadro 13 ajuda a esclarecer melhor este ponto.

QUADRO 13: COMPORTAMENTO DO CONSUMIDOR:
RADIOGRAFIA E PERSPECTIVAS PARA O CONSUMO

> As mudanças no comportamento do consumidor brasileiro, o crescente poder de compra da nova classe média e a entrada de vez da internet como canal de informação e de venda formam a base de um cenário que as empresas precisam entender para faturar. Este cenário é materializado no estudo "O observador", realizado pela Cetelem, em 13 países.
>
> Ao completar cinco anos, a edição brasileira, desenvolvida em parceria com a Ipsos, destaca a evolução do comportamento do consumidor durante o período, além de apontar as principais tendências para 2010. Apesar de apenas 18% dos 1.500 entrevistados em 2009 afirmarem que já compraram pela internet, 43% dos consumidores dizem pretender utilizar a web como fonte de informações para suas compras.

> Para os que já utilizam a internet como fonte de informação, os eletrodomésticos, as TVs, hi-fi ou vídeo e lazer, além de viagens, aparecem empatados na pesquisa de 11% dos internautas. Em seguida surgem as buscas por produtos culturais com 10%, móveis com 7%, carros novos com 6%, ferramentas para trabalhos gerais do tipo "faça você mesmo" com 4%, produtos financeiros com 3% e alimentação com 2%.
>
> Em 2010, os consumidores pretendem comprar móveis e eletrodomésticos, que aparecem empatados com 34% no ranking de intenção de compra. Em seguida, estão os gastos com lazer e viagem, com 28%. O resultado mostra um crescimento nos gastos com itens não essenciais. A categoria vestuário, por exemplo, é a segunda mais citada no quesito "compras recentes".
>
> Dos entrevistados, 59% afirmaram ter comprado roupas nos últimos 90 dias. Em 2005, esse número era de 39%. Vestuário perde apenas para alimentação, citada por todos os entrevistados como a categoria mais consumida no período. "A ascensão da classe C, junto com o acesso ao crédito, foi responsável por acelerar o consumo. Cada vez mais, essa grande classe média passa a consumir", explica Marcos Etchegoyen, diretor-geral da Cetelem Brasil.
>
> Em relação à pretensão de compra para 2010, aparecem ainda telefone celular com 21%, computador para casa com 17%, TV, hi-fi e vídeo com 16%, carro com 17%, decoração com 13%, ferramentas do tipo "faça você mesmo" com 10%, propriedades com 10%, equipamentos esportivos com 7% e motos com 8%.
>
> Segundo o "O observador", a sustentabilidade não pode deixar de ser entendida pelas empresas como uma forte tendência. "A maioria, que é de 89%, já fala de sustentabilidade, mas não sabe se vai pegar ou não. Como o varejo utilizará isso? É necessário entender os consumidores", diz o diretor-geral da Cetelem Brasil. Para conhecê-los, o levantamento divide os pesquisados em quatro grupos em relação à sustentabilidade: conscientes, comprometidos, iniciantes e indiferentes.
>
> Fonte: Sá (2010).

EM RESUMO

A decisão das necessidades em termos de produtos e de serviços a serem ofertados vem diretamente do mercado. Algumas variáveis são extremante influentes em relação a isso: geografia de mercado, tamanho do mercado, densidade do mercado e comportamento do mercado.

Variáveis de produto

Outro importante aspecto impactante no desenho de um canal de distribuição são as características do próprio produto a ser distribuído. Rosenbloom (2002) enumera algumas das principais variáveis de produto a serem consideradas para um canal de marketing:

- volume e peso;
- perecibilidade;
- valor unitário;
- grau de padronização;
- técnico x não técnico.

O *volume* e o *peso* impactam o desenho dos canais na medida em que produtos pesados e volumosos têm os custos logísticos de transporte mais elevados. Os fabricantes desses tipos de produtos procuram minimizar tais custos ao transportar apenas grandes lotes e para poucos pontos de parada.

COMENTÁRIO
Como consequência, de forma geral, a estrutura de canal de marketing de produtos pesados ou volumosos deve ser a menor possível, de modo que se possa recorrer, usualmente, aos canais diretos de distribuição.

A *perecibilidade* diz respeito ao grau de deterioração física inerente a algumas mercadorias, inutilizando-as para consumo. Isso é muito comum em determinados alimentos, tais como frios, carnes e alimentos frescos. A perecibilidade também pode ser associada a itens de rápida obsolescência, isto é, não mais desejados pelo mercado, como produtos de moda.

COMENTÁRIO
A principal questão a se considerar no desenho de canal de um produto altamente perecível é a rapidez com a qual ele é distribuído. Quanto menor o tempo que ele permanecer estocado ou em trânsito, menores as chances de que o produto venha a ser rejeitado para consumo pelos clientes.

De maneira geral, quando os consumidores estão próximos, o ideal é uma estrutura curta de canal de distribuição. Porém, se a distância for longa, o melhor é usar intermediários, pois estes podem ajudar a capilarizar a distribuição, além de assumirem os riscos de propriedade do produto.

O *valor unitário* é outro aspecto de produto que impacta o desenho de um canal. De maneira geral, quanto menor o valor unitário, maior deverá ser seu canal de distribuição. Isso se dá em função de que os pequenos valores unitários deixam baixas margens para o desenvolvimento dos custos de distribuição.

> **COMENTÁRIO**
>
> Os fabricantes das mercadorias de baixo valor unitário usam normalmente um ou mais intermediários com a finalidade de repartir seus custos de distribuição com os custos de distribuição de outros fabricantes que usam o mesmo intermediário.

O *grau de padronização* é mais uma variável de produto a impactar os canais de marketing. De maneira geral, bens altamente individualizados ou customizados – como produtos industriais – são distribuídos por canais diretos do fabricante para o consumidor. Todavia, na medida em que o grau de padronização é elevado, como no caso dos bens de consumo em massa, é usual o alongamento dos canais com base no emprego de intermediários.

> **COMENTÁRIO**
>
> De forma geral, quanto mais personalizado um produto, maiores as chances de que sua distribuição ocorra por canais diretos; por outro lado, quanto mais padronizado para consumo de massa, maiores as chances de emprego de intermediários.

Os aspectos técnicos também são uma variável de produto importante a impactar o desenho de um canal. Geralmente, quanto mais complexo do ponto de vista técnico for um produto, maiores as chances que ele venha a ser distribuído via canais diretos.

> **COMENTÁRIO**
>
> A razão para isso é que as vendas e a assistência a ser prestada aos clientes requerem, por parte do fabricante, uma equipe de profissionais especializada nos detalhes do produto e capazes de comunicar seus aspectos técnicos de maneira clara e sem margem para dúvidas.

> **EM RESUMO**
>
> As variáveis do produto a ser distribuído estão diretamente ligadas às suas características, que precisam ser cuidadosamente consideradas: volume/peso; perecibilidade; valor unitário; grau de padronização; técnico x não técnico.

Variáveis de empresa

Para Rosenbloom (2002), existem quatro variáveis das empresas que são importantes para o desenho dos canais de distribuição:

- tamanho;
- capacidade financeira;
- experiência gerencial;
- objetivos e estratégias.

O *tamanho* da empresa é um fator preponderante no desenho de um canal de marketing, pois quanto maior foi a organização, mais opções ela irá deter no sentido de estruturar seus canais. A principal consequência disso é uma maior flexibilidade de estruturação de canais em relação às pequenas e médias empresas.

No que diz respeito à *capacidade financeira* das empresas no desenho de canais, deve-se enfatizar que, em tese, quanto maior for esta capacidade, menor será a dependência do fabricante em relação aos intermediários para distribuição de seus produtos. Isso ocorre em virtude dos altos custos muitas vezes envolvidos na construção das equipes e dos serviços necessários para o desenvolvimento de canais diretos, tais como força de vendas, logística complexa, setores de processamento de pedidos e serviços de apoio. Como se pode imaginar, o desenvolvimento desses elementos requer investimentos consideráveis e, geralmente, tal poder de investir encontra-se concentrado nas grandes empresas.

> **COMENTÁRIO**
>
> Todavia, esta não é regra de aplicação universal. Em diversos setores econômicos, especialmente aqueles ligados ao consumo de massa, mesmo as grandes corporações não têm condições de assumir o ônus de desenvolvimento de canais diretos de distribuição. Como mencionado por Kotler (2000) e já comentado no capítulo 1, até mesmo grandes corporações transnacionais do setor de automotivos, como a GM, não teriam essa capacidade.

Adicionalmente, pequenas empresas também podem optar por operar sem recorrer a intermediários, mesmo que não tenham capacidade financeira expressiva. A chave para isso é usar os recursos da web no comércio eletrônico. Isso é especialmente verdadeiro em alguns setores voltados para a exportação e já tem sido objeto de políticas públicas e de capacitação de pequenas e médias empresas (PMEs) – conforme pode ser visto no quadro 14.

QUADRO 14: WORKSHOP PARA ENSINAR AS PMEs A EXPORTAR

> De acordo com a e-Bit, em 2009, o comércio eletrônico movimentou mais de 10 bilhões de reais, 28% a mais do que no ano anterior. Para que os pequenos empresários de São Paulo possam aproveitar este movimento, a Associação Comercial de São Paulo e a Ludatrade.com farão amanhã, dia 13, um workshop sobre como o comércio eletrônico pode ser um meio facilitador de exportação.
>
> O encontro gratuito tem o objetivo de ajudar os empreendedores a identificarem potenciais compradores e fornecedores no mercado externo. O curso, que ocorre na sede da ACSP, terá palestras de executivos da Ludatrade.com sobre como é o cenário de *e-commerce* no país hoje e como as pequenas e médias empresas podem aproveitar melhor a internet para fechar negócios.
>
> Fonte: Zuini (2010).

A *experiência gerencial* é outra variável da empresa a impactar o desenho dos canais de distribuição. Algumas empresas simplesmente não possuem a experiência ou os conhecimentos necessários para executar tarefas de distribuição.

Quando este é o contexto de uma empresa que está em processo de criação ou de desenvolvimento de canal de marketing, o mais prudente é desenhá-lo com base no uso de intermediários, isto é, varejistas, atacadistas, representantes etc.

Na medida em que o tempo passa e a empresa começa a ganhar experiência gerencial, de modo a levar em conta outros fatores que se mostrem favoráveis, ela pode vir a considerar a possibilidade de desenvolver canais diretos ou suprimir alguns de seus intermediários.

Finalmente, os *objetivos* e *estratégias* das empresas também são uma variável do produto a influenciar o desenho dos canais de marketing. Assim, os objetivos gerais e de marketing que tenham a meta de exercer grande controle sobre um produto podem limitar o emprego dos intermediários, pois estes, a despeito de suas eficiências alocativas e especializações, significam menor controle do fabricante sobre a distribuição.

Adicionalmente, estratégias com foco na promoção agressiva e na reação rápida às mudanças mercadológicas irão, da mesma forma, restringir os tipos de estrutura de canais disponíveis para uma empresa.

> **EM RESUMO**
>
> Conforme visto, as variáveis das empresas estão diretamente ligadas à construção do canal de distribuição. O tamanho oferece opções para a estruturação do canal; a capacidade financeira indica que, quanto maior esta for, menor a dependência para distribuição de produtos; a experiência gerencial oferece a possibilidade de desenvolver canais diretos ou suprimir alguns intermediários; objetivos e estratégias influenciam o desenho do canal de marketing.

Variáveis dos intermediários

De acordo com Rosenbloom (2002), há três variáveis relacionadas aos intermediários que têm a possibilidade de afetar o desenho dos canais de distribuição:

- disponibilidade;
- custos;
- serviços oferecidos.

A *disponibilidade* de intermediários para inclusão no desenho de um canal pode afetar significativamente o desenho de um canal de marketing. Em outras palavras: na eventualidade de um desenho com base em intermediários, a inexistência – ou ineficiência – destes pode provocar um redesenho do canal.

> **COMENTÁRIO**
>
> Um exemplo disso foi a própria Dell, que inovou no segmento de computadores, ao passar a vendê-los por canais diretos. Segundo Michael Dell, fundador da empresa, foi a indisponibilidade de bons intermediários que os levou a desenhar um canal direto de vendas de seus produtos.

O *custo* de utilização de intermediários é sempre um fator importante no desenho de um canal. Se o custo de seu emprego estiver relativamente alto para o serviço prestado, um gestor de canal deve considerar fortemente a possibilidade de redução da estrutura deste canal.

A última variável de intermediários a afetar o desenho dos canais de distribuição diz respeito aos *serviços* oferecidos por essas empresas. Fundamentalmente, os serviços ofertados pelo intermediário – em termos, por exemplo, de custos e nível de serviço – são um dos critérios de seleção de uma empresa para ser inserida no sistema de distribuição de um fabricante.

EM RESUMO

As variáveis dos intermediários podem influenciar o canal de distribuição. Entre elas estão a disponibilidade, que pode provocar o redesenho do canal em função da inexistência ou da ineficiência de um intermediário; o custo, que demanda o olhar apurado do gestor para o caso de ser considerado alto, o que traz como consequência redução da estrutura do canal; os serviços que precisam congregar bom preço com qualidade na entrega.

Capítulo 4

Conflitos, estratégias de comunicação nos canais de distribuição e comércio eletrônico

Neste capítulo, apresentaremos os principais tipos e fontes de conflitos nos canais de distribuição. Discutiremos, ainda, as estratégias de comunicação nos canais de marketing, com especial ênfase nas chamadas estratégias de empurrar. Finalmente, encerraremos com a apresentação do conceito de comércio eletrônico.

Definição e tipos de conflitos nos canais de distribuição

A ocorrência de conflitos envolvendo os elos do sistema de distribuição de um produto não é incomum, mesmo que um canal tenha sido desenhado de forma planejada e bastante cuidadosa. Tal ocorrência é possível uma vez que não é factível se prever, na fase de planejamento, todas as contingências que poderão surgir na administração de um canal. Por outro lado, mesmo que fosse possível prever todas as situações potencialmente conflituosas, deve-se lembrar que o mercado é dinâmico.

> **CONCEITO-CHAVE**
>
> Rosenbloom (2002) define os conflitos nos canais de distribuição da seguinte maneira: "diz-se que há conflito quando um membro do canal percebe que as ações de outro membro estão impedindo a realização de suas metas".

O desenho de um canal é feito com base do que se sabe até aquele momento e também em previsões de como será o futuro. No entanto, mudanças tecnológicas, legais, competitivas, ambientais etc. podem ser imprevisíveis. Assim, quando uma mudança, de natureza como as que foram mencionadas, surge, há um grande risco de desestruturação do canal e, consequentemente, conflitos podem emergir.

Para Kotler (2000), existem essencialmente três tipos possíveis de conflito em um sistema de distribuição:

- conflito vertical;
- conflito horizontal;
- conflito multicanal.

O *conflito vertical* ocorre quando membros do canal de marketing, de níveis diferentes, divergem. Isso pode ocorrer, por exemplo, entre montadoras de automóveis e seus concessionários, quando os fabricantes resolvem intervir em decisões de prestação de serviços, precificação e propaganda destas.

PRECIFICAÇÃO

Ação de atribuir preço ou valor a alguma coisa.

COMENTÁRIO

A Coca-Cola entrou em conflito vertical com algumas de suas engarrafadoras quando elas decidiram começar a engarrafar para a Dr. Pepper. Este tipo de conflito também tem sido bastante comum entre fabricantes e os cada vez mais poderosos grandes varejistas – supermercados.

Por sua vez, o *conflito horizontal* significa aquele existente entre membros de um mesmo nível de canal, ou seja, varejista *versus* varejista; franqueado *versus* franqueado; atacadista *versus* atacadista, e assim por diante.

EXEMPLOS DE CONFLITOS HORIZONTAIS JÁ REGISTRADOS NOS ESTADOS UNIDOS

Algumas concessionárias da Ford entraram em divergência com outros membros da rede quando estes iniciaram políticas agressivas de publicidade e preços.

Na Pizza Inn, alguns franqueados reclamaram que outros franqueados usavam ingredientes de menor qualidade e prestavam serviços inadequados, o que prejudicava a imagem da marca.

A Benetton foi acusada de autorizar a abertura de novas franquias perto de outras lojas franqueadas da marca, o que ocasionava perda de lucratividade das mais antigas.

O terceiro tipo de conflito é o *conflito multicanal*. Ele ocorre, por exemplo, quando um fabricante opta por uma estratégia de distribuição multicanal, ou seja, utiliza canais diferentes para distribuição de seus produtos. O conflito multicanal tem potencial de ser muito intenso quando os membros de um canal conseguem vantagens que outros membros não podem obter, especialmente quando se trata de preço.

> **EXEMPLO**
>
> A Levi Strauss enfrentou um conflito multicanal quando passou a distribuir suas calças jeans em lojas de departamento, pois isso desagradou sua rede de distribuição baseada em lojas especializadas.
>
> O inverso ocorreu com as marcas de roupas Ralph Lauren e Anne Klein, quando estas abriram suas lojas de marca própria, o que provocou insatisfação das lojas de departamentos que vendiam seus produtos.
>
> A Goodyear também enfrentou insatisfação entre seus revendedores especializados quando passou a distribuir seus produtos para redes de supermercados e lojas de departamentos.

Os canais de distribuição estão suscetíveis a mudanças em sua estruturação, em função de conflitos que podem ocorrer. Para Kotler (2000), esses conflitos são verticais, horizontais e multicanais.

Causas de conflitos nos canais

Conflitos de diferentes espécies podem surgir nos canais de distribuição. Assim, como o conflito mais cedo ou mais tarde é plausível, é importante identificar suas diversas causas.

Stern e colaboradores (1969) listam três principais causas de conflitos em um canal de marketing:

- divergência de metas;
- discordância no domínio da decisão;
- percepções de realidade distintas.

Cada membro de um canal de distribuição tem seus objetivos e metas. Geralmente, estes objetivos e metas podem ser muito diferentes dos objetivos e metas de outros membros do mesmo canal. Estas *divergências de metas* causam conflitos porque induzem o comportamento de um membro do canal que é inconsistente com o alcance das metas de outro membro.

Este tipo de conflito é muito comum. Segundo Kotler (2000), ele pode ocorrer, por exemplo, quando um fabricante tem como meta conseguir uma rápida expansão em um mercado por meio de uma política agressiva de preços baixos. Contudo, os revendedores, ao contrário, podem optar por trabalhar com maiores margens de lucro e ter como meta o lucro alto no curto prazo.

> **LOUIS STERN**
>
> Professor emérito de Marketing da Kellogg School of Management – Northwestern University.
>
> Autor dos livros *Marketing channels* (2001), *Management in marketing channels* (1989) e *Legal aspects of marketing strategy: antitrust and consumer protection issues* (1984).

> **EXEMPLO**
>
> A Compaq fornece um exemplo de conflito com base na divergência de metas. A empresa, ao expandir além do canal tradicional de varejo, implementou canais de venda direta por correio e superlojas. Todavia, em um período de oferta baixa e demanda elevada, a fabricante teve que reduzir o fornecimento de seus computadores para os varejistas com o objetivo de equilibrar a distribuição entre os membros tradicionais e novos do canal de marketing. Isso provocou desagrado entre os antigos membros do canal, pois, para eles, não era um objetivo abastecer outros canais com produtos da Compaq. Uma reação imediata dos varejistas foi começar a direcionar seus clientes para produtos de fabricantes concorrentes, a fim de não perder vendas.

Os conflitos nos canais de marketing também podem surgir por discordâncias no domínio das decisões. Segundo Stern e colaboradores (1969), há alguns elementos importantes a serem considerados em tais causas de conflito:

- a população a ser atendida;
- funções ou responsabilidades;
- tecnologias utilizadas.

Talvez um dos conflitos mais intensos nos canais seja o que diz respeito à população a ser atendida ou a quem é o responsável por uma conta específica. É muito difícil, por exemplo, que a força direta de vendas de um fabricante compartilhe uma conta com um intermediário de fora da empresa e vice-versa.

> **COMENTÁRIO**
>
> Adicionalmente, sempre que um fabricante abre novos canais de distribuição – ou implementa, desde o início, uma estratégia multicanal –, é comum que um cliente lide em um momento com um canal e, depois, com outro. Mais do que isso, é possível que esse cliente jogue um canal contra outro em busca de vantagens para si.

O vendedor inicial irá sempre reclamar daquele que chegou depois e alegar que este pegou carona em seus esforços de prospecção de clientes ou relacionamento com eles. Este conflito horizontal tem ainda o potencial de se tornar um conflito vertical no canal.

O conflito em termos de funções e responsabilidades está diretamente relacionado ao nível de suporte proporcionado por um fabricante e ao grau de valor que cada membro do canal adiciona relativamente à compensação que recebe por cumprir suas tarefas de distribuição.

Na indústria de lentes de contato, por exemplo, muitos usuários de lentes descartáveis preferem comprá-las diretamente dos fabricantes, pois os preços são muito menores em relação àqueles praticados em outros canais indiretos. Porém, os fabricantes recusam-se a vender desta maneira em virtude de não poderem fornecer alguns serviços relacionados às lentes, como ocorre quando estas são comercializadas pelos intermediários.

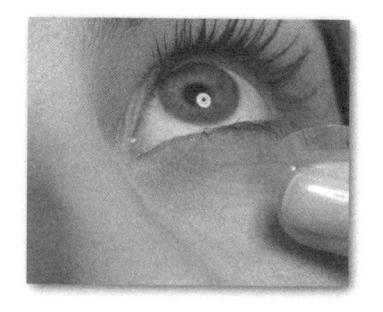

A *tecnologia*, conforme empregado aqui o termo, deve ser entendida em um contexto mais amplo do que aquelas situações que envolvem sistemas de produção, tecnologia embarcada em produtos e software.

> **COMENTÁRIO**
>
> É possível falar em tecnologias de marketing como recursos – ou técnicas – que as empresas empregam para seu desenvolvimento mercadológico. No entanto, diversas empresas interdependentes são obrigadas a conviver diariamente, em um canal de distribuição, com diferentes tecnologias de marketing e formas de abordá-las.

Varejistas e atacadistas são fortemente focados em operações, especialmente aquelas envolvidas em logística e recursos humanos. Os fabricantes, por sua vez, tendem a enfatizar estrategicamente o marketing como um todo. Em resumo: a grande distância frequentemente presente entre as estratégias de diferentes elos do canal de marketing são uma fonte constante de potencial conflito.

As *percepções diferentes da realidade* também são uma fonte regular de conflitos nos canais de distribuição, porque elas indicam que haverá diferentes formas de agir como resposta a uma mesma situação.

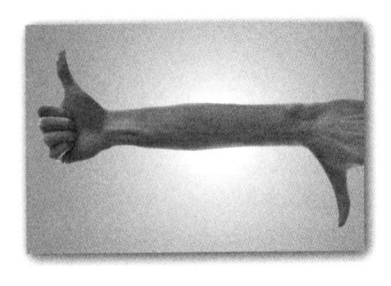

Um elo do canal pode não compreender o que outro membro do canal realiza em seu campo de atuação, o que cria outra condição de conflito com base em percepções diferentes da realidade. Além disso, se o canal for tomado por incerteza e falta de habilidade para processar as informações existentes, há chance de que cada membro enxergue uma realidade diferente. A realidade pode significar coisas distintas para os diferentes membros do canal em tais circunstâncias.

> **COMENTÁRIO**
>
> Um bom exemplo de conflito que surgiu com base nas percepções diferentes da realidade foi o já citado caso da Compaq. Os varejistas acreditavam que não recebiam computadores suficientes para atender a seus clientes e, portanto, sentiam-se prejudicados pela expansão multicanal da Compaq. Porém, os gestores da fabricante alegavam que a empresa distribuía quantidades recordes e crescentes de produtos.
>
> O problema estava justamente na forma como ambos os lados enxergavam a realidade: os varejistas apenas viam "como o bolo estava sendo repartido"; o fabricante via somente o tamanho do bolo inteiro.

Conflitos podem ocorrer nos canais por diferentes motivos. Situações como *divergência de metas, discordância no domínio da decisão* e *percepção distinta da realidade* são algumas possibilidades que podem gerar conflito. É fundamental conhecer e identificar as causas para realizar a prevenção.

Administração e solução de conflitos nos canais de distribuição

O gestor deve procurar atuar de maneira proativa para solucionar conflitos, sempre que um for identificado, e avaliar o prejuízo para o canal independentemente de seu tipo e origem. Kotler (2000) e Rosenbloom (2002) enumeram algumas alternativas para solução de conflitos:

- adoção de metas superordenadas;
- criação de comitês conjuntos de empresas do canal;
- ações de mediação.

Um importante mecanismo de solução de conflitos é a adoção de *metas superordenadas*. Os membros do canal chegam a um acordo acerca da meta fundamental que buscam em conjunto, independentemente do tipo:

- sobrevivência;
- participação de mercado;
- satisfação dos clientes;
- qualidade.

As empresas geralmente adotam essa ferramenta quando estão ameaçadas por um fator externo ao canal, por exemplo um canal concorrente mais eficiente, legislação adversa ou uma alteração nos padrões de consumo ou no comportamento do consumidor.

COMENTÁRIO

É importante salientar que essa adoção de metas deve ser fruto de um processo participativo entre os membros do canal. Do contrário, corre-se grande risco de o conflito continuar a existir.

Outra forma de lidar com os conflitos, a fim de gerenciá-los ou preveni-los é a *constituição de comitês*. Um comitê interempresarial pode ser de caráter permanente, de modo a alcançar todo o canal de marketing. Tal comitê poderia atuar regularmente como monitor de eventuais problemas, além de atuar como um organismo de administração de crises.

COMENTÁRIO

Não existe uma regra fixa que possa nortear a forma de atuação de um comitê voltado para a administração e solução dos conflitos nos canais. Mais uma vez, como ocorre em diversos outros aspectos dos canais de distribuição, o contexto particular de cada caso, de cada produto envolvido, das empresas que são membros do canal, bem como os macro e microfatores influentes presentes irão ditar a melhor maneira de operação dos comitês.

Finalmente, uma terceira maneira de solucionar os conflitos é submeter as partes envolvidas a um processo de intermediação de conflitos. Existem três modalidades básicas de intermediação:

- diplomacia;
- mediação;
- arbitragem.

A diplomacia ocorre quando cada parte envia um representante, ou um grupo de representantes, para se reunir com o representante, ou grupo de representantes, da outra parte, a fim de se chegar a um denominador comum.

A mediação significa recorrer a uma terceira parte neutra, que tenha a habilidade para conciliar os interesses dos envolvidos.

A arbitragem ocorre quando todas as partes concordam em apresentar seus argumentos para um árbitro e decidem que acatarão a decisão do processo de arbitragem. Uma grande vantagem da arbitragem é ter uma decisão com poder de implementação, sem necessidade de recorrer-se ao sistema judicial.

> **COMENTÁRIO**
>
> Independentemente dos recursos que serão utilizados para solução dos conflitos nos canais, um aspecto importante, dessa vez aplicável a qualquer caso, deve ser a conscientização, entre todos os envolvidos, de que conflitos deixados de lado ou "empurrados para debaixo do tapete" têm o potencial de piorar qualquer situação.

Logo, em um contexto de conflito, os membros do canal devem se engajar efetivamente para buscar uma solução ao problema. As técnicas para isso podem até ter pouca importância, desde que o engajamento promova um diálogo franco entre as partes, de modo a produzir algo positivo e um meio para solução de problemas do canal.

> **EM RESUMO**
>
> Proatividade é uma característica que o gestor deverá apresentar para solucionar conflitos nos canais, sempre que forem identificados. *Ações de mediação, adoção de metas superordenadas* e *criação de comitês conjuntos de empresas do canal* são algumas alternativas enumeradas por Kotler e Rosenbloom para a solução de possíveis conflitos.

Estratégia de comunicação nos canais de distribuição

Visão geral

Do ponto de vista de um fabricante, segundo Rosenbloom (2002), existem cinco ferramentas básicas para implementação de uma estratégia de comunicação empresarial:

- propaganda;
- venda pessoal;
- suporte ao revendedor – membro do canal;
- relações públicas e publicidade;
- promoção de vendas.

Entre as ferramentas destacadas acima, é importante informar que este material avaliará a terceira mencionada: o *suporte ao revendedor em canal de distribuição*. Diversos fabricantes passam a depender dos outros membros do canal para ajudar no processo de comunicação porque não fazem uso dos canais diretos de marketing e recorrem aos intermediários para a distribuição. Contudo, uma suposta "desvantagem" do uso de canais indiretos é a perda, por parte do fabricante, de parcela do controle sobre como as vendas de seus produtos são realizadas por esses intermediários.

Assim, de acordo com Rosenbloom (2002), a eficácia da estratégia de comunicação global do fabricante é uma função do seu grau de habilitação para assegurar a cooperação dos membros independentes do canal na comunicação acerca dos produtos.

Diante desse contexto, pode-se dizer que existem duas estratégias genéricas de comunicação para os fabricantes:

- estratégias de puxar;
- estratégias de empurrar.

A ideia básica que permeia a *estratégia de puxar* é que um fabricante forçará os membros do canal a, inevitavelmente, promovê-lo, ao construir nos consumidores – pessoas ou empresas – uma forte demanda por seus produtos por meio de propaganda intensiva, uma vez que isso esteja alinhado com os interesses de todos os envolvidos, em virtude de vendas expressivas.

> **COMENTÁRIO**
>
> Segundo Rosenbloom (2002), apesar dos méritos da estratégia de puxar, ela é insuficiente para assegurar um forte suporte promocional aos membros do canal. Para conseguir isso, os fabricantes devem ser mais ativos em seus relacionamentos com os demais membros do canal, a fim de desenvolver esse suporte de comunicação.

A abordagem de comunicação por meio dos canais de distribuição, intitulada *estratégia de empurrar*, demanda um real envolvimento dos fabricantes com os elos dos canais de marketing em termos de estratégias promocionais e de incentivo.

> **COMENTÁRIO**
>
> É importante mencionar que, embora seja universalmente aplicada, a expressão estratégia de empurrar não reflete realmente o espírito dessa prática. Não se trata de imposição "cadeia abaixo" de um fabricante para os demais membros do canal, mas sim um verdadeiro esforço mútuo e de cooperação entre fabricantes e intermediários para o desenvolvimento e implementação de estratégias de comunicação.

Um produtor não empurra os membros do canal para promover seus produtos. Ele procura a participação e cooperação dos intermediários para fornecer estratégias de comunicação eficazes que serão benéficas para todos os elos do canal de distribuição.

A figura 7 permite uma visualização esquemática das abordagens de puxar e de empurrar em estratégias de comunicação.

FIGURA 7: ESTRATÉGIAS DE COMUNICAÇÃO DE PUXAR E DE EMPURRAR

Estratégias de puxar

Fabricante → Membros do canal → Usuários finais (consumidor ou indústria)

*1 Os números indicam a sequência do fluxos.

Estratégias de empurrar

Fabricante → Membros do canal → Usuários finais (consumidor ou indústria)

† A sequência dos fluxos é simultânea.

Legenda:
- Fluxo de comunicação
- Fluxo de negociação
- Fluxo de produto

Fonte: Rosenbloom (2002).

Não existem conflitos entre as abordagens ilustradas na figura 7. Na verdade, é possível afirmar que, além de não serem autoexcludentes, elas são complementares.

Todavia, com a tendência moderna desde os anos 1990, as práticas do mercado têm apontado uma substituição gradual das estratégias de puxar pelas estratégias de empurrar.

As estratégias de comunicação nos canais de comunicação se caracterizam pela cooperação dos membros do canal junto ao fabricante. Entre as estratégias estão as de puxar e as de empurrar.

Estratégias de comunicação de empurrar

De acordo com Rosenbloom (2002), existem seis categorias fundamentais de estratégias de comunicação de empurrar:

- propaganda cooperada;
- concessões promocionais;
- mostruários e suportes de venda – merchandising;
- promoções em loja;
- concursos e incentivos;
- acordos promocionais especiais e campanhas comerciais.

A *propaganda cooperada* é uma das formas mais difundidas de assistência de comunicação oferecida pelo produtor aos membros do canal de distribuição. Ela envolve o compartilhamento de custos da propaganda de produtos, e, usualmente, o fabricante paga a metade e o membro do canal comprador paga o restante.

Geralmente, os fabricantes desejam manter alguma espécie de controle sobre o formato da propaganda cooperada. Nestes casos, eles elaboram sugestões sobre o formato da propaganda ou preparam diretamente o conteúdo dos anúncios para jornais, revistas, rádio e TV.

Na *concessão promocional*, o fabricante, em geral, oferece ao membro do canal um pagamento em dinheiro ou uma porcentagem das compras de determinados produtos. Esse modelo de promoção é oferecido para encorajar o varejista a comprar maior volume de produtos do fabricante, para aumentar o número de determinados produtos nas prateleiras, ou mesmo para empilhá-los no chão das lojas ou nas gôndolas.

A concessão promocional é um modelo que tem crescido bastante nos últimos anos. Contudo, em virtude dos altos custos envolvidos em sua operação, em conjunto com o advento de tecnologias de monitoramento do mercado – como os códigos de barras –, os fabricantes têm procurado estudar se seus investimentos em concessão promocional estão sendo valorizados em termos de cooperação e de acompanhamento dos varejistas.

> **COMENTÁRIO**
>
> O monitoramento promovido pelos produtores é baseado no passado, ou seja, em fatos já ocorridos. Assim, conforme salientado por Rosenbloom (2002), se um fabricante deseja melhorar o suporte e o acompanhamento dos membros do canal de marketing, deverá assegurar-se de que o programa de concessão promocional apresenta consistência em relação às necessidades dos seus membros.

Pode-se afirmar que *mostruários e suporte de vendas* são altamente eficazes. Isso se explica porque, nos Estados Unidos, em 1992, os gastos anuais em mostruários e suporte de vendas em todos os tipos de loja de varejo foram estimados em US$ 30 bilhões. O que ocorre é que algumas empresas não fazem propaganda em mídia, valendo-se somente de merchandising.

Vale ressaltar que muitos fabricantes têm dificuldade em fazer com que os membros do canal utilizem esses materiais de maneira adequada. Acredita-se que uma das razões que levam à não utilização dessa forma de propaganda é que os membros do canal ficam sobrecarregados de determinados materiais de merchandising, a ponto de jogá-los fora ou nem verificarem do que se trata.

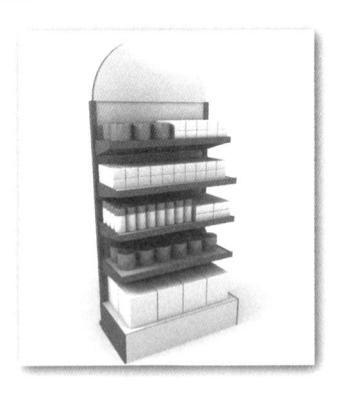

> **MERCHANDISING**
>
> Conjunto de operações táticas efetuadas no ponto de venda para colocar no mercado o produto ou o serviço certo, com o impacto visual adequado e na exposição correta.
>
> **GÔNDOLA**
>
> Espécie de prateleira usada, na maioria das vezes, em supermercados.

> **COMENTÁRIO**
>
> Supermercados médios, por exemplo, podem estar, em determinado momento, com mil itens em promoção. No entanto, eles só dispõem de espaço para colocar 50 mostruários de ponta de gôndola por semana.

A *promoção em loja* constitui-se em eventos rápidos e chamativos, que são destinados a criar interesse pelos produtos de determinado fabricante. O ponto central para determinação de sucesso desse tipo de estratégia de comunicação para empurrar é avaliar se um varejista irá perceber valor para si em tal caso.

> **COMENTÁRIO**
>
> Poucos intermediários estarão propensos a cooperar com tal técnica a não ser que percebam claramente que obterão vantagens, seja na forma do aumento de vendas ou de lucros, seja em uma maior divulgação de seu negócio.

Os *concursos e incentivos* são patrocinados pelos fabricantes para criar esforços de vendas dos membros do canal. Esse tipo de cooperação entre os membros do canal pode possuir muitas formas, sendo seus limitadores apenas a imaginação e a criatividade das pessoas envolvidas no processo.

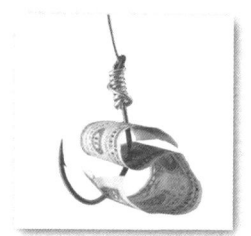

> **COMENTÁRIO**
>
> Os impactos de concursos e incentivos podem ser significativos. Contudo, existe um risco inerente ao modelo, que deve ser devidamente observado pelos membros do canal, o que leva à afirmação de que, para desenvolver qualquer forma de incentivo e concurso, os fabricantes devem analisar as opiniões e ideias dos participantes.

Alguns concursos e incentivos podem influenciar de maneira negativa os vendedores do canal de marketing. Por exemplo, um fabricante pode estipular uma premiação em dinheiro para os vendedores de seus intermediários no caso de superação de algumas metas de vendas. Para a administração deste mesmo intermediário, tal incentivo pode ser conflitante com seus objetivos organizacionais, pois os produtos do fabricante que elaborou o programa de incentivo podem não ser os mais interessantes em termos de vendas para o intermediário, se comparados aos produtos de outro fabricante concorrente – por causa de margens de lucro menores, por exemplo.

Assim, o programa de incentivo pode gerar o risco de que os vendedores do intermediário passem a empurrar produtos que os ajudarão a vencer um concurso, não pensando no que é melhor para a empresa como um todo.

Os *acordos promocionais* e as *campanhas comerciais* compreendem uma categoria ampla para a estratégia de comunicação de empurrar. Alguns exemplos:

- descontos aos membros do canal visando ao aumento de suas compras;
- ofertas aos consumidores, tais como "pague um, leve dois";
- ofertas com descontos progressivos;
- prêmios;
- ofertas de produtos de primeira linha.

Os acordos promocionais podem sobrepor uma ou mais estratégias. Por exemplo: um acordo promocional para a venda de um cereal pode exigir que o varejista utilize um mostruário especial para exibição destacada do produto na loja em troca de uma concessão promocional.

COMENTÁRIO

Muito embora essa estratégia de comunicação de empurrar seja empregada de forma maciça, os fabricantes têm demonstrado insatisfação em termos de seu valor como ferramenta promocional.

Alguns fatores podem ser usados como exemplo para explicar essa insatisfação por parte dos produtores:

- aumento da competição na já acirrada disputa por espaço nas gôndolas dos varejistas – os fabricantes se veem obrigados a oferecer vantagens crescentes para os membros do canal, a fim de manterem seus espaços nas prateleiras;
- aumento dos custos de estocagem.

Além destes, há outros dois pontos importantes e inter-relacionados que provocam a insatisfação dos fabricantes:

- os descontos promovidos pelos fabricantes não chegam ao consumidor final – sendo, muitas vezes, embolsados pelos varejistas;
- o varejista "desvia" o excesso de mercadoria comprada em preço promocional para outro varejista e aplica uma margem de lucro. O quadro 15 ilustra este ponto.

MARGEM DE LUCRO

Montante do lucro antes do pagamento de impostos como percentual das receitas.

QUADRO 15: "DESVIO" DE MERCADORIAS COM
PREÇO PROMOCIONAL POR PARTE DOS VAREJISTAS

A ABC Foods (fabricante) oferece um acordo promocional especial, concedendo desconto extra de 25% sobre o preço de lista de seu cereal "Oatcrisp". Isso reduz o preço da caixa para $ 10.

↓

Os supermercados XYZ (varejistas) encomendam 5 mil caixas do "Oatcrisp" a preço reduzido e economizam $ 50.000. O fabricante providencia o embarque ao depósito XYZ.

↓

Os supermercados XYZ distribuem 2.500 caixas a suas lojas para a venda imediata a preços reduzidos, transferindo aos consumidores a vantagem concedida pela ABC Foods. O XYZ mantém as 2.500 caixas remanescentes no depósito.

↓

Uma semana após, o XYZ vende mil caixas do "Oatcrisp" com um *markup* de $ 1,00 por caixa a outra cadeia de supermercados que não havia comprado a oferta original da ABC.

↓

Duas semanas após, o XYZ distribui 1.500 caixas do estoque remanescente a suas lojas para venda aos consumidores a preço mais elevado.

Fonte: Rosenbloom (2002:311).

EM RESUMO

As estratégias de empurrar se dividem em seis categorias fundamentais, que são: a propaganda cooperada, as concessões promocionais, os mostruários e os suportes de venda, as promoções em loja, os concursos e os incentivos, os acordos promocionais especiais e as campanhas comerciais. Todas essas categorias representam opções de vantagens que os fabricantes podem oferecer aos membros de um canal.

Estratégias soft de empurrar

Estratégias de empurrar *soft* apresentam as mesmas intenções das demais, uma vez que levam membros do canal a empurrar os produtos de um fabricante em detrimento de um concorrente.

Além das estratégias de empurrar já mencionadas, Rosenbloom (2002) também destaca as estratégias de comunicação de empurrar mais gentis, sutis ou *soft*, entre as quais destacam-se:
- programas de treinamento;
- especificação de quotas;
- venda missionária;
- feiras e exposições.

Os *programas de treinamento* buscam auxiliar no aumento do conhecimento, por parte dos intermediários, de determinados produtos – ou linha de produtos – de um fabricante específico. Buscam, ainda, a melhoria do desempenho dos vendedores, pois podem se tornar uma das mais eficazes estratégias de comunicação entre os membros do canal, porque demonstram o alto nível de comprometimento do fabricante na ajuda aos envolvidos.

Basicamente, os programas de treinamento podem ser customizados pelos fabricantes para atender a dois tipos diferentes de intermediários: os distribuidores e os varejistas. Para os primeiros, três pontos são fundamentais:

- conhecimento do produto de um fabricante específico;
- técnicas de vendas;
- habilidade em aconselhar os clientes.

De acordo com Rosenbloom (2002), os programas de treinamento para os distribuidores devem enfatizar os aspectos "técnicas de vendas" e "habilidades em aconselhar os clientes" – muito embora a prática dominante nos negócios aponte grande ênfase no aspecto "conhecimento do produto de um fabricante específico" –, pois pesquisas recentes demonstram que os clientes de distribuidores desejam ouvir dos vendedores dos distribuidores sugestões para lidar com seus contextos, problemas e formas de aplicação do produto a ser comercializado. O quadro 16 mostra o programa de treinamento on-line para revendedores autorizados da Apple.

QUADRO 16: O PROGRAMA DE TREINAMENTO *ONLINE* DA APPLE
PARA REVENDEDORES AUTORIZADOS

O Apple Sales Training On-line é um programa de aprendizado autogerenciado, criado especialmente para pessoas que vendem, dão assistência e recomendam soluções Apple. Mais de 18 mil pessoas no mundo inteiro usam atualmente o programa para melhorar suas vendas, a fim de aprender mais sobre os produtos e as tecnologias da Apple.

Qualquer pessoa, nos Estados Unidos, Canadá ou na América Latina, que esteja atualmente trabalhando em um revendedor autorizado da Apple, ou uma organização de venda direta, ou que participe de uma organização cujos membros sejam autorizados pela Apple, ou ainda seja membro da Apple Consultants Network – Rede de Consultores Apple – pode participar do programa Americas Apple Sales Training On--line – Programa de Treinamento de Vendas On-line da Apple nas Américas.

Isto inclui – mas não se limita a – distribuidores e revendedores autorizados pela Apple, atacadistas, *value added resellers* (revendedores de valor agregado), *campus reps*, membros do programa Campus Store, Apple *authorized business agents* (agentes de negócios autorizados da Apple), treinadores certificados, membros de Apple *authorized training centers* (centros de treinamento autorizados Apple), *user group ambassadors* (representantes de grupos de usuários) e membros da Apple *consultants network* (rede de consultores Apple). Os empregados da Apple podem participar do programa Apple Sales Training On-line. Os períodos para participação são de um ano-calendário, iniciando-se em janeiro e terminando em meados de dezembro.

> O programa Apple Sales Training On-line oferece ao participante um sistema flexível com muitos benefícios e oportunidades para conhecer melhor as soluções Apple e saber identificar as necessidades de clientes. Como a maior parte dos cursos é on-line, o participante tem completo controle de sua agenda de aprendizagem. Ele tem acesso, também, a outros programas de treinamento e comunicação, como os *webcasts*, que permitem interação direta com os gerentes de produto da Apple.
>
> Além da melhora nos níveis de venda por meio desta forma de aprendizado, o participante terá a oportunidade de ser reconhecido. Vai obter pontos pela realização de atividades específicas de aprendizado. Ao acumular pontos, atingirá níveis de desempenho que o distinguirão em áreas específicas de especialização e demonstrarão seu nível de conhecimento de produtos a potenciais consumidores.
>
> Fonte: Apple (2009).

Já para os varejistas, os programas são mais úteis para aqueles produtos que necessitam de um nível significativo de assistência de venda pessoal. Em outras palavras, as lojas que operam no modelo de autosserviço têm pouca necessidade desses programas.

Para os intermediários que necessitam de programas de treinamento, duas áreas são destacadas:

- conhecimento de produto;
- técnicas de vendas.

O terceiro elemento, o aconselhamento, também pode ser destacado, porém em sentido muito mais restrito. O tipo de aconselhamento que o vendedor do varejo pode oferecer aos clientes seria em termos de utilização do produto e não em como lidar com questões que envolvem a promoção do produto pelo cliente ou o fornecimento de assistência gerencial.

A *especificação de quotas* se refere aos volumes de vendas que os fabricantes particularizam para que determinado varejista comercialize dentro de um período (metas). Os fabricantes estabelecem as quotas, na crença de que irão motivar os membros do canal a um maior esforço em troca de recompensas na eventualidade de superação das metas definidas.

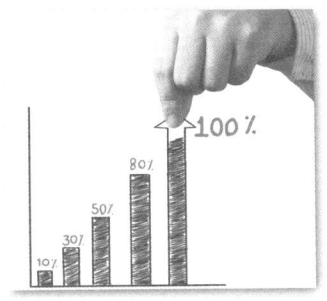

> **COMENTÁRIO**
>
> O segredo para o sucesso dessa estratégia *soft* de empurrar está na forma como ela é apresentada ao intermediário. Se for apresentada de maneira coerciva, irá gerar má vontade e, em vez de cooperação, provocará conflitos com o cliente. Ademais, se a linha de produtos do fabricante não for importante do ponto de vista mercadológico para o intermediário, ele irá simplesmente ignorar o suposto incentivo.

As quotas devem ser estabelecidas em parceria com o intermediário e apresentadas de maneira adequada, isto é, no contexto de informações sobre os potenciais de vendas. A ideia é que se tornem uma força positiva para conquistar o apoio do intermediário.

A *venda missionária* é uma estratégia positiva de comunicação quando os membros do canal não possuem habilidade para lidar com determinadas tarefas a eles delegadas pelos fabricantes.

Entretanto, ela pode ser onerosa do ponto de vista financeiro e, eventualmente, conduzir a conflitos no canal, pois os vendedores dos distribuidores e varejistas podem se sentir ameaçados ou, até, incomodados com a presença constante dos missionários.

No setor de bens de consumo, a venda missionária busca auxiliar ou desempenhar atividades como:

- checagem de estoque de varejistas e distribuidores;
- visitas aos varejistas para demonstração de novos produtos;
- arrumação de mostruários das lojas;
- respostas a dúvidas dos distribuidores e varejistas;
- aconselhamento e treinamento;
- promoção da imagem da empresa entre os revendedores;
- emissão de pedidos.

Já no setor de bens industriais, onde os "missionários" são também um instrumento valioso, suas principais atividades são:

- treinamento dos vendedores dos distribuidores;
- acompanhamento desses vendedores em visitas para orientar seus esforços de venda;
- emissão de pedidos iniciais de novos produtos para usuários finais;
- prestação de assistência técnica;
- auxílio para fechamento de vendas, especialmente quando a força de vendas dos distribuidores não dispõe dos conhecimentos técnicos necessários.

De forma geral, *feiras e exposições* são eventos de periodicidade regular – geralmente anuais – organizados por associações de classe. Normalmente, tais eventos juntam, em um mesmo ambiente, diversos participantes dos canais de marketing do setor, em todos os níveis. Um bom exemplo é a Convenção da Associação Brasileira de Supermercados (Abras). Veja quadro 17.

QUADRO 17: A CONVENÇÃO DA ABRAS

A Convenção da Abras é um evento de inteligência – de informação, estratégia, conhecimento e networking – jamais visto no país. Seu conceito é completamente renovado, sem feira e com inscrições limitadas para supermercadistas e fornecedores patrocinadores.

Nele, os participantes interagem com as lideranças mais influentes do setor e conhecem novas estratégias para gerir melhor o próprio negócio, com mestres consagrados internacionalmente. É uma extraordinária oportunidade de relacionamento com os responsáveis pelas diretrizes do varejo, neste e nos próximos anos.

A Convenção da Abras é um evento feito de líderes para líderes. Os palestrantes são líderes, os participantes são líderes e os patrocinadores também.

A 41ª convenção contou com a presença de mais de 500 empresários e executivos do setor. "Para nós, a 41ª convenção é o primeiro passo para trabalharmos temas estratégicos para o desenvolvimento futuro do setor", disse o presidente da Abras, Sussumu Honda.

Segundo ele, a partir desse evento serão disseminados os conteúdos estratégicos e outros assuntos de grande relevância ao setor pela entidade, por meio da Escola Nacional de Supermercados, da revista *SuperHiper* e das convenções das 27 associações estaduais de supermercados.

Os patrocinadores, compostos pelas maiores e mais importantes empresas fornecedoras do país, também aprovaram o novo evento. Segundo seus representantes, em muitos casos presidentes das corporações, encontrar as principais lideranças supermercadistas em três dias de atividades foi oportunidade única para estreitar relacionamentos, engatilhar parcerias e direcionar negócios pontuais profícuos para ambas as partes.

Fonte: Abras (s.d.).

Além da realização de negócios, o principal objetivo das empresas que participam desses eventos é criar uma imagem positiva junto aos membros – já existentes e futuros – do canal. Isso ocorre, uma vez que o evento proporciona a oportunidade de demonstração de produtos pessoalmente, além da possibilidade de estreitamento dos laços de relacionamento, bem como conversas estratégicas e de condução de negócios de interesse dos membros do canal de distribuição.

EM RESUMO

As estratégias de empurrar *soft*, assim como as demais estratégias de empurrar já mencionadas, também se dividem em categorias: programas de treinamento, especificação de quotas, venda missionária, feiras e exposições. O objetivo também é o de oferecer vantagens aos membros de um canal.

Novas tendências nos canais de distribuição: e-commerce

O *e-commerce* – ou comércio eletrônico – é a forma mais recente de marketing direto empregado pelas empresas.

E-BUSINESS

Denominação usada para a realização de negócios pela internet.

Atualmente, muitos termos empregam o prefixo "e", gerando diversas interpretações, o que ocorre, inclusive, com o próprio *e-commerce*, além das expressões *e-marketing* e *e-business*.

É preciso entender que, ao se falar em *disponibilidade*, não se quer dizer, necessariamente, a distribuição física do produto via internet, muito embora isso seja uma realidade, por exemplo, nos mercados de música, de games, de software e, agora também – de forma inicial –, de livros.

Também é preciso levar em conta que a expressão *outras tecnologias* abre o leque de possibilidade de conexão para além de um mero computador pessoal – desktops e laptops. Nos dias de hoje, as possibilidades de conexão estão abertas para celulares e web TV.

Finalmente, deve ser compreendido que a transação deve ser efetuada por meio eletrônico, ou seja, a mera divulgação de catálogo ou portfólio de produtos em uma *webpage* não caracteriza a existência de *e-commerce*. Para que efetivamente ocorra o comércio eletrônico, é necessária a existência de recursos de pagamento eletrônico entre cliente e empresa.

> **MICHAEL J. BAKER**
>
> Professor de marketing britânico. Atua como professor emérito de marketing na University of Strathclyde Business School e professor na Nottingham University Business School e além disso é presidente da Academia de Marketing. Ex-presidente do Scottish Business Education Council e do Institute of Marketing. Professor visitante nas seguintes universidades: City University Business School, Glasgow Caledonian University, Surrey European Management School, University of Surrey, Monash University e Nottingham University Business School. Seus interesses de pesquisa incluem: estratégia de marketing, inovação e desenvolvimento de novos produtos e comportamento do consumidor. Publicou mais de 30 livros, entre eles *Marketing Theory* e *Administração de marketing*.

> **CONCEITO-CHAVE**
>
> Rosenbloom (2002) define o *e-commerce* como o uso da internet para tornar produtos e serviços disponíveis de tal maneira para o mercado-alvo que este, com acesso a computadores ou outras tecnologias on-line, possa comprar e completar transações de compras por meios eletrônicos interativos.

Os mercados do comércio eletrônico

O comércio eletrônico é geralmente entendido como simplesmente comprar e vender produtos e serviços via internet. Nesse sentido, ao se pensar em comércio eletrônico, imediatamente vem à mente das pessoas a ideia de empresas como a Amazon ou como a Submarino.

Contudo, este pensamento restringe a verdadeira dimensão, em termos de escopo, do comércio eletrônico e limita a real compreensão dos possíveis impactos deste modelo de distribuição de produtos e serviços nos mercados. Assim, deve-se levar em conta que as oportunidades de realizar comércio eletrônico podem ocorrer *pelo lado da compra* e *pelo lado da venda*.

> **CONCEITO-CHAVE**
>
> O comércio eletrônico pelo lado da compra refere-se a transações para garantir os recursos que uma empresa precisa junto a seus fornecedores. Essas transações interempresas são também denominadas B2B – *business-to-business*.

Por sua vez, o comércio eletrônico pelo lado da venda se refere a transações envolvidas na venda de produtos e serviços aos clientes de uma organização por meio de distribuidores.

A maior parte dos negócios on-line no presente e no futuro vem de mercados industriais e comerciais – o acima citado mercado B2B – e não dos mercados de consumo conhecidos como empresa-consumidor – B2C.

Antes disso, porém, menciona-se que, além destes dois mercados mais conhecidos, podem-se listar também outros dois, menos significativos em termos de recursos financeiros envolvidos.

O primeiro deles é o chamado cliente-cliente – C2C –, mais conhecido como leilão de clientes, mas que também pode acontecer nos mercados B2C e B2B. O segundo é o mercado cliente-empresa – C2B –, modelo de compra inovador no qual os clientes abordam o negócio de acordo com seus termos.

O consumidor on-line do mercado B2B

Kotler (2000) enumera algumas das principais características dos consumidores on-line, ou seja, a visão geral do mercado-alvo deste tipo de comércio eletrônico:

- são jovens;
- têm alto poder aquisitivo;
- têm bom nível educacional;
- são predominantemente do sexo masculino.

A despeito desse perfil genérico do consumidor on-line, o forte crescimento do mercado nos últimos anos tem ocasionado uma mudança gradual dessa população de consumidores, tornando-a mais diversificada.

Segundo Kotler (2000), os usuários mais novos utilizam a internet para entretenimento e socialização. No entanto, 45% dos usuários têm 40 ou mais anos de idade e usam a internet para investimentos e assuntos mais sérios.

Estes, em geral, dão mais valor às informações e tendem a responder negativamente a mensagens dirigidas somente à venda. Eles decidem quais informações de marketing receberão e escolhem os produtos e serviços e suas condições.

As ferramentas de busca na internet, tais como as mundiais Yahoo! e Infossek, além das nacionais Buscapé e Bondfaro, dão aos consumidores consideráveis fontes variadas de informações, a fim de torná-los mais informados e perspicazes. Isso proporciona as seguintes vantagens:

- obtenção de informações objetivas sobre várias marcas, o que inclui custos, preços, atributos e qualidade, sem depender do fabricante ou do varejista;
- possibilidade de requisitar propaganda e informações do fabricante;
- possibilidade de customizar o produto ou serviço que desejam;
- possibilidade de usar agentes de software para procurar e solicitar ofertas de vendedores.

> **EM RESUMO**
>
> O consumidor on-line do mercado B2B é público diferenciado e exige confiabilidade nas informações a serem recebidas, bem como inovação nos processos de atendimento de suas necessidades.

Vantagens do comércio eletrônico

Rosenbloom (2002) enumera as vantagens do *e-commerce*, embora afirme que o incipiente mercado de comércio eletrônico ainda carece de provas concretas que validem de maneira efetiva sua crescente importância e a atenção que a ele deve ser dispensada. Ele menciona cinco vantagens significativas acerca dos canais de comércio eletrônico:

- escopo e alcance global;
- conveniência/processamento rápido de transações;

- eficiência e flexibilidade no processamento de informações;
- gestão baseada em dados e capacidade de relacionamentos;
- menores custos com venda e distribuição.

Escopo e alcance global: o comércio eletrônico amplia o escopo e alcance dos negócios via internet, tanto pelo lado do vendedor como pelo lado do comprador.

Qualquer pessoa, em quase todos os lugares do planeta, com acesso à web, é capaz de realizar compras de produtos e serviços em meio eletrônico. Isso amplia o escopo de opção de compra desses produtos e serviços, bem como o horizonte geográfico da compra.

Pelo lado do vender, também há grande ampliação do mercado consumidor. Em tese, qualquer empresa pode montar uma plataforma de vendas pela internet, até as pequenas.

Conveniência/processamento rápido de transações: a conveniência é umas das maiores razões para realização de compras eletrônicas. Contudo, conforme salientado por Rosenbloom (2002), é fácil comparar, em temos de conveniência, uma compra pela internet em relação à compra em um varejo em que é necessário se deslocar fisicamente, procurar vaga de estacionamento, procurar o produto, enfrentar filas, transportar de volta para casa etc.

Porém, essa vantagem do comércio eletrônico pode perder importância quando ele é comparado a outros canais de marketing direto, os quais também oferecem bastante conveniência, tais como as compras pelo telefone, de catálogo ou por meio de um vendedor que vai à casa ou ao trabalho de um consumidor.

Eficiência e flexibilidade no processamento de informações

Em ambas as pontas do comércio eletrônico – comprador e vendedor –, os canais eletrônicos têm grande potencial de proporcionar altos níveis de eficiência e flexibilidade.

Para o comprador, uma das mais óbvias e importantes vantagens é a quantidade de informações para sua tomada de decisão de compra.

Além disso, em níveis mais sofisticados, as opções de pesquisas e filtros de produtos e serviços nos websites permitem grande economia de tempo na busca por aquilo que determinado consumidor deseja.

Gestão baseada em dados e capacidade de relacionamentos

A tecnologia que apoia os canais de marketing eletrônicos torna as empresas capazes de ampliar em larga escala sua base de clientes.

Em sentido inverso, essas tecnologias também são ferramentas poderosas para segmentação de mercado em níveis micro, identificando, com relativa facilidade, oportunidades de negócios *não visíveis a olho nu*.

Ademais, a internet possibilita às empresas interagir com seus clientes e elaborar ofertas customizadas que focalizam precisamente as necessidades específicas dos clientes.

Menores cursos com venda e distribuição

Teoricamente, as vendas pelo canal direto eletrônico propiciam uma comercialização de produtos mais eficiente, com redução das necessidades de estocagem e distribuição mais racional.

Assim, se uma empresa conseguir, por meio do uso da internet como canal de marketing, centralizar seus estoques em um único CD, além de emitir e processar seus pedidos – em vez de pulverizá-los em diversos varejistas –, teremos uma situação propícia à diminuição dos gastos com logística e estocagem, por exemplo.

Desvantagens do comércio eletrônico

O grande potencial da internet e do comércio eletrônico não livra este tipo de canal de distribuição de algumas desvantagens – muito embora, assim como acontece com as vantagens, também não existem provas definitivas nesse sentido. Rosenbloom (2002) assim as enumera:

- falta contato com o produto real e a posse não é imediata;
- o atendimento dos pedidos e a logística não acontecem na velocidade nem na eficiência da internet;
- há desordem, confusão e incômodo na internet;
- os clientes têm preocupação com a segurança.

Falta contato com o produto real e a posse não é imediata

Embora seja óbvio, a compra pela internet não permite ao consumidor experimentar alguns de seus sentidos com o produto a ser comprado, ou seja, ele não pode tocá-lo, senti-lo, experimentá-lo e vê-lo fisicamente.

> **COMENTÁRIO**
>
> Além disso, os produtos não podem ser testados ou demonstrados, o que é vital em alguns casos, tais como os automóveis, eletrônicos, equipamentos de áudio, eletrodomésticos em geral etc. Ademais, para algumas pessoas, a compra eletrônica não proporciona as condições ambientais de uma compra em loja, valorizadas por diversas pessoas.

Deve-se levar em consideração que a compra pela internet pode até ser rápida; no entanto, a entrega geralmente precisa levar um dia ou mais do que isso. Para alguns compradores, essa falta de materialização imediata pode ser uma frustração.

Assim, ainda que a tecnologia e o comércio eletrônico proporcionem alta conveniência para compra, ele pode encontrar uma barreira para sua realização em virtude da falta de contato entre consumidor e produto.

O atendimento dos pedidos e a logística não acontecem na velocidade nem na eficiência da internet

Com exceção dos produtos que podem ser entregues por meio eletrônico, tais como músicas, livros, games e software, o uso do comércio eletrônico não elimina todos os processos logísticos e burocráticos envolvidos na comercialização de produtos e serviços.

> **COMENTÁRIO**
>
> Além disso, o processamento e as entregas de pequenas quantidades de mercadorias com baixo valor agregado tornam-se muito dispendiosas, o que pode até inviabilizar o canal. Imagine a entrega de chicletes para uma pessoa, direto do fabricante para a casa do consumidor, via comércio eletrônico!

Há desordem, confusão e incômodo na internet

Há, nos dias de hoje, grande quantidade de sites de fabricantes e de varejistas que realizam comércio eletrônico. Nesse contexto, os consumidores se deparam com um enorme leque de opções, ao passo que os vendedores lutam para não se perderem nesse emaranhado de informações.

COMENTÁRIO

O problema chegou ao ponto de muitas empresas começarem a pagar – muito caro – por espaços exclusivos em websites específicos, ferramentas de busca de tráfego pesado – links patrocinados – ou páginas de provedores de acesso.

Assim, na medida em que os custos envolvidos para que uma empresa possa se tornar visível na internet crescem, mais as pequenas e médias empresas podem ser alijadas do mercado de comércio eletrônico.

Embora o espaço da internet possa ser praticamente gratuito, transformá-lo em algo concreto, do ponto de vista do *e-commerce*, pode se tornar uma barreira cada vez maior.

Veja o quadro 18 para mais informações sobre os links patrocinados.

QUADRO 18:
OS *LINKS* PATROCINADOS

Links patrocinados são anúncios on-line em um website, geralmente na forma de texto e que, por meio de um clique, conduzem o internauta – potencial cliente – ao site do anunciante.

Os links patrocinados são caminhos de publicidade acessíveis a qualquer tamanho de anunciante. É um formato que revoluciona e democratiza a publicidade on-line, pois sempre que um potencial cliente entrar em alguma página para buscar informação ou diversão, encontrará anúncios, na forma de links, que são relacionados ao seu perfil ou ao conteúdo da página.

Antes dos links patrocinados, nem todas as formas de publicidade on-line estavam disponíveis para empresas de todos os tamanhos e perfis. A internet permitiu o surgimento de uma mídia eficiente, que requer um baixo custo de entrada e tem todo o seu processo de criação on-line. Simples e rápida.

O mecanismo é semelhante ao de celular pré-pago. No caso dos links patrocinados, é o valor que deseja investir na campanha – por exemplo, R$ 100,00 – que define o quanto se quer pagar por clique efetuado, capaz de conduzir ao site da empresa (custo por clique ou CPC). Cada vez que alguém clicar nos links patrocinados dessa empresa, o valor estipulado no custo por clique é descontado dos créditos.

Os links patrocinados foram criados nos EUA em 1998 por Bill Gross, empresário que fundou a empresa GoTo. com. Em 2001, a empresa é rebatizada como Overture e, devido à patente dos links patrocinados, o Google entrou em um acordo e pagou US$ 300 milhões para utilizá-los.

De acordo com o instituto Jupiter Research, os investimentos em links patrocinados nos Estados Unidos, em 2007, foram de US$ 4,4 bilhões.

Fonte: Linkspatrocinados.com (s.d.). Disponível em: <www.linkspatrocinados.com/>. Acesso em: 30 maio 2012.

Apesar de se falar na alta comodidade e conveniência que o comércio eletrônico proporciona, é importante levar em consideração que conexões lentas ou intermitentes e a complexidade de alguns sites de comércio eletrônico para busca e efetivação de compra também podem ser consideradas desvantagens.

Preocupação com a segurança

Existem dois tipos de preocupação com a segurança das compras eletrônicas:

- credibilidade das empresas que operam somente nesse ambiente;
- dados pessoais de crédito.

A primeira preocupação pode ser remediada com o tempo, na medida em que uma nova empresa começa a se tornar conhecida e ter incrementada sua credibilidade perante os consumidores.

Contudo, a segunda preocupação é mais difícil de ser superada. Muitas pessoas sentem-se inseguras em informar seus dados de cartão de crédito para realizar uma transação eletrônica com receio de clonagem ou uso indevido de cartões. Apesar do grande progresso dos últimos anos nessa área – hoje em dia, por exemplo, não é mais comum que os sites de comércio eletrônico armazenem os números dos cartões de crédito de seus clientes como faziam antigamente –, o receio por parte do cliente ainda subsiste e pode ser uma barreira ao desenvolvimento do *e-commerce*.

> **EM RESUMO**
>
> O comércio eletrônico desponta como uma nova modalidade de compra e venda. No entanto, é preciso que sejam levadas em conta as possíveis vantagens e desvantagens às quais ele poderá estar submetido. Custos, logística e atendimento a um novo perfil de consumidor estão entre as preocupações que o *e-commerce* abarca.

Bibliografia

ABRAS (Associação Brasileira de Supermercados). *Apresentação*. São Paulo: [s.d.]. Disponível em: <www.abrasnet.com.br/convencao/apresentacao/>. Acesso em: 30 maio 2012.

ALVES, A. Bradesco estreia varejo no exterior com Ibi do México. *Exame*, 22 jan. 2010. Disponível em: <http://portalexame.abril.com.br/negocios/bradesco-estreia-varejo-exterior-ibi-mexico-528191.html>. Acesso em: 29 maio 2012.

APPLE INC. *Apple Sales Training Online* 2009. Disponível em: <https://salestraining.apple.com/learnandearn/staticHtmls/br-index.html>. Acesso em: 30 maio 2012.

BERNARDINO, Eliane; PACANOWSKI, Mauro; KHOURY, Nicolau; REIS, Ulysses. *Marketing de varejo*. Rio de Janeiro: FGV, 2008.

BLECHER, N. A ditadura do varejo. *Exame*, n. 768, 5 jun. 2002. Disponível em: <http://exame.abril.com.br/revista-exame/edicoes/0768/noticias/a-ditadura-do-varejo-m0052384>. Acesso em: 27 maio 2012.

CHURCHILL JR., Gilbert A.; PETER, J. Paul. *Marketing*: criando valor para os clientes. São Paulo: Saraiva, 2000.

COSTA, F. A nova fase da Hering. *Exame*, n. 825, p. 61, 1 set. 2004.

COUGHLAN, Anne T. et al. *Canais de marketing e distribuição*. 6ª ed. São Paulo: Bookman, 2002.

DRUCKER, Peter. *Concept of the Corporation*. Nova York: John Day, 1946.

_____. *The practice of management*. Nova York: Harper-Collins Publishers, 1954.

_____. *The age of discontinuity*. Londres: Heinemann, 1969.

GODOI, G. Empresas adotam a venda direta. *Jornal do Commercio*, 29 jun. 2004. Disponível em: <www.abevd.org.br/htdocs/index.php?noticia_id=365&secao=noticias>. Acesso em: 27 maio 2012.

GUIMARÃES, C. A gôndola foi a solução. *Exame*, n. 866, 20 abr. 2006. Disponível em: <http://exame.abril.com.br/revista-exame/edicoes/0866/noticias/a-gondola-foi-a-solucao-m0081693>. Acesso em: 30 maio 2012.

KOTLER, Philip. *Administração de marketing*: a edição do novo milênio. São Paulo: Pearson Prentice Hall, 2000.

ONAGA, M. A Ambev sentiu os golpes. *Exame*, n. 892, 3 maio 2007. Disponível em: <http://exame.abril.com.br/revista-exame/edicoes/0892/noticias/a-ambev-sentiu-os-golpes-m0128008>. Acesso em: 24 maio 2012.

PORTER, Michael. *Estratégia competitiva*: técnicas para análise de indústrias e da concorrência. Rio de Janeiro: Elsevier, 2004.

RESENDE, T. Vendas pela internet movimentam R$ 10,6 bi em 2009 e crescem 30%. *Folha Online*, 16 mar. 2010. Disponível em: <www1.folha.uol.com.br/folha/dinheiro/ult91u707493.shtml>. Acesso em: 4 maio 2012.

ROCCATO, Pedro. *A bíblia de canais de vendas e distribuição*: como planejar, captar, desenvolver e gerenciar canais de venda e distribuição. São Paulo: M.Books, 2008.

ROSENBLOOM, Bert. *Canais de marketing*: uma visão gerencial. São Paulo: Atlas, 2002.

SÁ, S. de. Radiografia e perspectivas para o consumo. *Exame*, 10 maio 2010. Disponível em: <http://portalexame.abril.com.br/marketing/noticias/radiografia-perspectivas-consumo-557848.html>. Acesso em: 30 maio 2012.

SOBRAL, Filipe; PECI, Alketa. *Administração*: teoria e prática no contexto brasileiro. São Paulo: Pearson Prentice Hall, 2008.

STERN, Louis; GORMAN, Ronald. Conflict in distributions channels: an exploration. In: STERN, Louis (Ed.). *Distribution channels:* behavioral dimensions. Nova York: Houghton Mifflin, 1969.

ZUINI P. Workshop ensina a usar a internet para exportar. *Exame*, 12 maio 2010. Disponível em: <http://portalexame.abril.com.br/pequenas-empresas/noticias/workshop-ensina-usar-internet-exportar-558971.html>. Acesso em: 30 maio 2012.

Sobre o autor

Roberto Pascarella é mestre em administração pública pela Ebape/FGV (2008) e graduado em administração de empresas pela Unesa (2004). É professor-autor do FGV Online e professor convidado do Cefet/RJ no curso de Administração Industrial. Tem experiência na área de administração pública e de empresas – pesquisas acadêmicas e consultorias – e coordenação de projetos.

Esta obra foi produzida nas
oficinas da Imos Gráfica e Editora na
cidade do Rio de Janeiro